우리 아이들, 안녕한가요

윤태규 지음

우리 아이들, 안녕한가요

초판 1쇄 인쇄일 2015년 5월 7일
초판 1쇄 발행일 2015년 5월 10일

글   윤태규
그림   정유리

펴낸이 김완중
펴낸곳 내일을여는책

인쇄   예림인쇄
제책   바다제책

출판등록 1993년 01월 06일(등록번호 제475-9301)
주소   전라북도 장수군 장수읍 송학로 93-9(19호)
전화   063) 353-2289
팩스   063) 353-2290
전자우편 wan-doll@hanmail.net
블로그   blog.naver.com/dddoll

ISBN   978-89-7746-049-2 03370
ⓒ 윤태규 2015

우리 아이들, 안녕한가요

윤태규 지음

내일을여는책

맹물 한 잔

1972년부터 30년을 교실에서 아이들과 함께 지내다가
2002년부터는 교실로 가지 않았습니다.
날마다 교문으로 드나드는 것은 마찬가지지만
제가 가는 곳은 교실이 아니라
교무실이었고 교장실이었습니다.

운동장도 교실이고
뒷동산도 교실이고
앞 냇가도 교실이지만
교무실과 교장실은 교실이 아니었습니다.
교실 못지않게 정신없이 바쁜 곳이기는 했지만 말입니다.

그래서
교문을 제 교실로 삼기로 했지요.
교문에서 아이들과 만났습니다.
비오는 날에는 우산을 쓰고

여름날에는 부채를 들고
아이들에게 설렁설렁 부채 바람을 보내기도 하면서 말입니다.

어쩌다가 교문을 비우게 된 뒷날에는
어김없이 아이들이 물었습니다.
"어제 어디 갔다 왔어요?"
세상에!
이보다 더 달콤한 사랑의 속삭임이 있을까요.

제 교실을 넓혔습니다.
교문에서 교실까지로
달콤한 사랑의 속삭임에 답하고 싶었습니다.
교문에서 만난 아이들과 선생님들에게
긍정의 파장을 교실로 보내
사랑을 고백하고 싶었습니다.
그게 교실로 보내는 편지 '맹물 한 잔'입니다.

맹물에는 아무 것도 넣지 않아도 됩니다.
영양소도 필요 없고
조미료도 안 쳐도 되지요.
그냥 맹물이면 됩니다.
그래서 이 맹물 편지에는
담긴 이야기도 왔다 갔다 합니다.
사랑한다는 말만 자꾸 보내는 게 민망해서
날씨 이야기도, 들꽃 이야기도 불쑥불쑥 튀어나옵니다.

그래서 그냥
맹물로 목 축이듯이 읽으면 됩니다.
맹물이 시원하지 않고 뜨뜻미지근하면 어쩌느냐고요?
마시지 않으면 되지요..

사랑을 고백한 맹물 글들을 묶어
여러 사람 앞에 내놓으려니까
많이 부끄럽습니다.
그렇지만 이 맹물을 마셔 본 사람들이
밥 한 그릇보다 더 큰 힘이 생기고
청량음료 한 잔보다 더 시원하고

막걸리 몇 잔보다 더 취할 수 있다고
꼬드기는 바람에
부끄러운 마음을 꾹꾹 누르고 용기를 내어 봤습니다.

다시 사랑 고백합니다.
오늘도 씩씩하게 교문에 들어서는 우리 아이들 사랑합니다.
사랑하는 아들딸에게 아침밥 든든하게 먹여 학교 보내 주신
학부모님 사랑합니다.
그 아이들과 재미있게 하루를 보내자고
서둘러 교실 문 열고 들어서는 선생님 사랑합니다.
하늘만큼, 땅만큼!

이 맹물을
학부모와 선생님들이 마시고 또 마시면 좋겠다고
책으로 펴내 주신 '내일을 여는 책' 김완중 대표님 고맙습니다.
그리고 도와 주신 윤일호 선생님 고맙습니다.

2015년 5월 5일 어린이날에 윤 태 규

아침마다 배달되던 이 사랑의 편지는 날마다 출근길을 설레게 해주었습니다.

세상에서 가장 사랑이 가득한 편지였습니다.

지금도 학교생활이 힘이 들 때는 이 편지 꺼내 읽고 힘을 얻습니다.

세상에서 가장 힘 있는 편지입니다.

동평초등학교 교감 **임 후 남**

짧은 글에도 사랑과 진심을 담으면 어마어마한 힘이 깃들 수 있다는 것을 이 아침 편지로 알았습니다. 요즘도 이 편지를 꺼내 읽으면 기쁠 때는 즐거움이 더 커지고, 어려운 일이 있을 때는 어려움을 이기는 힘이 절로 생깁니다. 참으로 신기하고도 신기한 편지입니다. 늘 아이들 가까이서 살아가는 사람들은 반드시 읽고 기를 한껏 받아야 할 책입니다.

두류초등학교 교사 **권 순 호**

하루도 빠짐없이 무엇인가를 계속해서 하는 것……. 그것은 간절한 기도입니다. 윤태규 교장선생님의 아침 편지가 나에게 간절한 기도가 되었습니다. 아이들과 선생님들과 학교를 사랑하시는 교장선생님의 마음이 고스란히 나에게로 옮아오는 듯한 간절한 기도…….

이 책을 읽으면 누구에게나 그 간절함이 전염되고 말 것입니다. 그냥 쉽게 쉽게 읽히는 손바닥만 한 글이지만 읽다 보면 어느새 가슴이 따뜻해지고 심장이 말랑말랑해지는 것을 느낄 것입니다. 감동으로 읽는 최고의 교육도서입니다.

신당초등학교 수석교사 여 병 동

날마다 교장선생님의 이 아침 편지를 '고맙습니다. 고맙습니다.' 하면서 읽었습니다. 아침 편지는 우리들에게 용기와 힘을 주었습니다. 눈이 있어도 제대로 볼 줄 모르는 눈을 밝게 해주었습니다. 귀가 있어도 제대도 듣지 못하는 귀를 뚫어 주었습니다. 제대로 된 사랑이 무엇인지, 아이들과 눈높이를 맞추는 게 어떤 것인지를 또렷하게 가르쳐 주었습니다.

이제 이 책에다 대고 '고맙습니다. 고맙습니다.' 해야겠습니다. 이 책은 초등학교가 왜 거기에 있어야 하는지. 초등학교 교육이 어떻게 이루어져야 하는지. 가정에서는 어떻게 가정교육 해야 하는지를 제대로 가르쳐 줍니다. 선생님들은 물론 학부모들도 '고맙습니다. 고맙습니다.' 하면서 읽었으면 하는 바람입니다.

대구화동초등학교 교사 **류 정 숙**

교장선생님의 그 환한 웃음만큼이나 자상하고 따뜻함이 편지에 그득하여 글을 읽는 내내 행복 여행을 하게 됩니다.

아이들에 대한 따뜻한 마음씀이 고스란히 담겨 있고, 선생님들에 대한 자상한 격려가 가득한 교장선생님의 아침 편지를 받은 선생님들은 얼마나 행복한 아침을 맞았을까요. 우리 동평 아이들이 늘 즐겁게 등교를 했던 까닭을 알 것 같습니다.

선생님과 아이들에게 행복한 아침을 선사하던 아침 편지가 책으로 엮어져 나온다니 얼마나 반가운지요. 이제 이 책을 읽는 학부모들까지 행복 선물을 받을 수 있게 되었네요.

동평초등학교 학부모 **권정훈**

목차

3월의 아침 편지

만남과 만남

이곳이 우주 중심입니다

첫날, 기도하는 마음으로 출근하셨지요?
새 학년 새 학기가 시작되었습니다.

우연인 듯 필연인 듯
우린 이곳에서 이렇게 만났습니다.
아이들을 위해서 우리 여기 이렇게 모였습니다.
만남은 하늘 뜻이지만 관계는 온전히 우리 몫입니다.
교실에서 아이들과 만남도 마찬가지입니다.
내 뜻과 상관없이 만난 아이들이지만
이제 좋은 관계를 맺어 갈 일만 남았습니다.

새로 오신 선생님들,
만나게 되어 영광이요 기쁨입니다.
진심으로 환영합니다.
우리에겐 이제 이곳 동평이 우주 중심입니다.
이곳에서 행복합시다.
오늘부터.
(2013. 3. 4)

소통 칠판

새 학년 이틀째입니다. 즐거운 마음으로 출근하셨는지요?
우리 아이들도 새 학년, 새 선생님, 새 동무들, 새 교실……
기쁜 마음으로 씩씩하게 등교하겠지요.
교장실 앞 '소통 칠판'에 4학년 학생이 써 놓은,
학년 초 서먹한 분위기를 부드럽게 하기 위해서
선생님과 한 시간 놀도록 해주면 좋겠다는 글.
생각할수록 기특하고 대견하네요.
'선생님들께 말씀 드려 놓았어요.'
이렇게 답변을 써서 공을 선생님들에게 넘겨 놓았어요.

'서먹한 분위기를 부드럽게 하기 위해'
교실에서 당장 실행할 수 있는 놀이를 해보는 건 어떨까요?
모둠 아이들 손을 잘 살펴보게 한 다음에
나중에는 손만 보고 누구 손인지 알아내기.
손을 살펴보고 만져 보고 한 다음에
눈을 가리고 손을 조물조물 만져서 누구 손인지 알아맞히기.
아이들끼리 부쩍 가까워지게 하는 놀이는
이 밖에도 여러 가지가 있을 거예요.
좋은 방법이 있으면 이 메신저 공간을 통해서
다른 교실에도 전염을 시켜 보시면 어떨까요?
즐거운 놀이를 통해서 관계가 형성되고 소통을 배우게 되잖아요.
오늘도 아이들 이름 불러 주면서 재미있게 하루 보내세요.

(2013. 3. 5)

전교어린이회 선거 토론 방송

어제 우리 학교 병설유치원생 49명이 입학을 했습니다.
이로써 올 한 해 식구들이 다 모여
힘차게 새 출발을 합니다.

상쾌한 아침입니다.
오늘은 전교어린이회 정·부회장에 입후보한 어린이 가운데
회장에 입후보한 두 어린이가 방송 토론을 하는 날입니다.
많이 서투를 겁니다.
우선 토론 주제가 즉석에서 주어지기 때문이지요.
학부모나 학원에서
대신 준비해 주지 않게 하려면 어쩔 수 없습니다.
우리 학교 전교회장은 다른 학교 회장과는 다르게
특별하게 해야 할 일이 한 가지 더 있습니다.
다달이 주어지는 토론 과제를 가지고
전교어린이회의를 잘 이끌어서
결론을 이끌어 내야 하는 게 그것입니다.
그 결정을 학교에서는 존중하여 받아들입니다.

그래서 전교어린이회의가 있는 날은
어떤 결정이 내려질지 꽤나 긴장하면서
우리 선생님들이 지켜볼 때가 많습니다.
아이들이 모여서 의논하는 전교어린이회 결과를

어른들인 우리가 가슴 조이며 지켜보는 것만으로도
저는 우리 학교 교육을 자랑스럽게 보려고 합니다.

민주시민 교육이란
구호나 표어에 머무를 것이 아니라
아이들 곁에서 움직이며 살아 있어야 합니다.

오늘도 아이들과 행복하게 지내세요.
(2013. 3. 6)

점심시간에 강당에 한번 가 보세요

우리 지원청에서 열린
교장회의에 다녀왔습니다.

새 학년 새 학기 처음 맞는 주말입니다.
몸으로 봄을 느껴 보도록
야외 나들이를 하게 하면 좋겠지만
너무 춥습니다.
주말에는 풀린다고 하니 미세먼지만 없으면
재미있는 숙제로 냉이나 달래 캐보기 같은 것을
내줘도 좋겠다 싶습니다.

새로 오신 선생님께서는
점심시간에 시간을 낼 수만 있다면
강당에 한번 가보시기를 권합니다.
12시 30분이 지난 뒤가 좋습니다.
정말 장관입니다.
공 천지이고 아이들 세상입니다.
넘치는 에너지 도가니입니다.

무질서 속의 질서라는 게
이런 것을 두고 하는 말이구나 싶을 겁니다.
펄펄 살아 있다는 표현이 이런 것을 두고 하는 말이구나……。

함께한다는 것이 이런 것이구나…….
그 도가니 속에서 배려라는 것이
반짝 빛날 때도 있답니다.

새로 오신 분뿐만 아니라
점심시간 그 풍경을 못 보신 선생님들께서는
삶의 현장을 찾아 일부러 재래시장에 가보듯이
한번쯤 강당에 가보시기를 권합니다.

주말 잘 보내십시오.
(2014. 3. 7)

수업 공개를 앞두고

새 학년이 되어 몇 주 지나지 않았지만
아침 등굣길 모습이 다른 듯해요.
아이들 모습이 무척 밝아 보여요.
교실이 즐겁다는 증거입니다.

다음 주 수요일에 있을
학부모 수업공개 때문에 신경 많이 쓰이나요?
정성을 다하는 건 좋습니다.
또 그래야만 합니다.
그렇지만 너무 힘들어하지 마세요.
교실 환경정리도 다 해놓아야 하는 게 아닙니다.
너무 서둘 필요가 없습니다.
평소처럼 아이들과 한 시간 재미있게 수업한다고 생각하세요.
또 학부모님들과 학년 초 상견례를 하는 날이라고
가볍게 생각하세요.
중요한 것은 수업 마치고 있을
담임과 학부모 간 면담 시간입니다.
그때 평소 하고 싶었던 이야기를 하세요.
자주 있는 시간이 아닙니다.
학급 운영 방향, 부탁할 이야기, 함께 손발 맞춰 갈 일들…….
학교 전체로 할 이야기는 제가 시청각실에서 따로 하겠습니다.

오늘도 아이들에게 재미있는 숙제를 내야겠지요?
그런데 날씨가 도움을 주지 않네요.
봄 들판으로 나가게 하면 좋을 텐데 말입니다.
봄 들판은 신비로움 자체거든요.
그래도 가능하면 들판으로 나가는 재미있는 숙제를 내어 보세요.
'봄나물 세 가지 이상 캐서 이름과 특징을 알아보고
한 가지는 자세히 그려 보기'와 같은 것.

선생님들도 주말 잘 보내세요.
그리고 푹 쉬세요.
휴식은 시간 있을 때 하는 게 아니라
시간을 내어 하는 것이랍니다.
오늘도 아이들과 재미있게 보내세요.
(2012. 3. 16)

어린 페스탈로치

꽤나 쌀쌀한 아침입니다.
오늘은 감동 가득한 이야기로
아침을 시작하겠습니다.
지금 제 가슴은 너무나 벅찬 감동과 기쁨으로 출렁이고 있습니다.
이야기 들어 보세요.

오늘 아침 3학년 2반 김류연이란 아이가
양손 가득 사금파리를 움켜쥔 채
교문에서 두리번거리고 있었어요.
그것도 맨손으로 말이지요.
전 깜짝 놀라서 왜 그 위험한 것을 들고 있느냐고 물었지요.
그랬더니 뭐라고 말했는지 아세요?
전봇대 밑에 깨어져 있었는데
혹시 다른 아이들이 만지면 손을 다칠까 봐
위험해 보여서 주워 왔다는 게 아니겠어요?
그런데 이걸 재활용통에 버려야 할지
잡쓰레기통에 버려야 할지 몰라서
그걸 물어 보려고 그렇게 교문에 서 있었다는 겁니다.
세상에!

페스탈로치 아시지요?
우리 교육자들의 우상이잖아요.

그분의 아이 사랑을 상징으로 나타내는 일화가 있습니다.
골목에서 아이들 다칠까 봐
깨진 유리조각을 줍는다는 이야기 말입니다.
손자뻘 되는 아이들이 다칠까 봐 유리조각을 줍는 페스탈로치와
또래가 다칠까 봐 이 추운 아침에 맨손으로 사금파리를 주운
우리 김류연이를 한번 견줘 보세요.
200년 전 페스탈로치 선생님보다 더 훌륭한 아이가
우리 학교에 있습니다.

원래 동식물은 같은 또래들이 모여 삽니다.
고사리 한 포기가 있으면 그곳은 고사리밭입니다.
바퀴벌레 한 마리 발견되면 거기에는 수천 마리가 삽니다.
그래서 류연이가 사는 우리 학교 울타리 안에는
500명 훌륭한 위인들이 어린 시절을 보내고 있습니다.
그 안에서 우리가 선생 노릇을 하고 있으니
이 얼마나 신나는 일입니까?

3-1 김수정 선생님,
쉬는 시간에 류연이를 교장실로 좀 보내 주세요.
한 번 더 보고 싶습니다.
아닙니다. 제가 올라가겠습니다.
(2009. 3. 17)

0교시 체육 수업

운동장이라도 한 바퀴 돌고
하루를 시작하고 싶은 상쾌한 아침입니다.

미국 하버드 의대 존 레이티라는 분이
작년에 우리나라에 와서 한 이야기가 잊혀지지 않습니다.
"첫 시간을 체육으로 시작해야 합니다.
뇌를 깨워 학습에 적합한 상태를 만드는 게 중요합니다."
그분은 0교시 체육 수업 전도사라는
또 다른 별명이 붙은 분입니다.
믿을 만한 검증된 자료를 내보이면서
0교시 혹은 첫째 시간에 몸을 움직여 하는
체육 수업을 권했습니다.

국어, 수학과 같은 도구교과 시간은
정신이 말똥말똥하게 깨어 있는 오전에 배치하고
체육처럼 몸을 움직여 하는 공부는 나른한 오후에 넣는 것을
원칙처럼 알고 있는 우리에겐 충격이었습니다.

전 그분 말을 전적으로 믿고 싶습니다.
전 40년 이상을 아침 다섯 시에 일어나서
한 시간 반 동안 꽤나 격하게 몸을 움직이는 운동을 합니다.
어쩌다 그 시간이 허용되지 않는 날은

하루 종일 정신이 맑지 못합니다.
물론 개인에게 적용되는 습성일 수도 있지만 말입니다.

아이들이 40분에 땡 맞추어서 학교에 올 것이 아니라
20~30분 일찍 와서 좁은 운동장이지만
좀 돌고 들어가서
하루를 시작하면 좋겠다는 생각을 합니다.

상쾌한 아침
오늘도 아이들과 상쾌하게 하루를 시작하세요.

전 오늘 10시부터
북2지구 현장장학협의회 출장입니다.
점심 먹고 곧바로 들어옵니다.
(2013. 3. 19)

생강나무를 아시나요?

날씨가 많이 풀렸지요?
포근하네요.
놀토는 아니지만 좋은 주말이 될 듯합니다.

재미있는 주말 숙제로 벌써 봄을 알리고 있는
성급한 꽃을 찾아보게 하는 것도 괜찮지 싶어요.

'걷기명상' 올라가는 길 왼쪽 편에
보글보글 앙증맞게 핀 노란 꽃 보셨나요?
산수유와 아주 비슷하게 생겼지만 산수유보다는 색이 진하지요.
그 꽃 이름이 뭔지 아세요?
가지를 똑 꺾어서 냄새를 맡아 보면 압니다.
진한 생강 냄새가 코를 찌릅니다.
그래서 이름도 '생강나무'입니다.
김유정의 소설 〈동백꽃〉에 나오는 '동백나무'가
바로 이 생강나무입니다.
"강원도에 웬 동백나무?" 이러잖아요.
경상도 북부지방과 강원도 지방에서는
그 나무를 동백나무라고 합니다.
제 고향 영주에서도 동백나무라고 했습니다.

아이들과 올라가다가 살짝 꺾어 냄새를 맡아 보세요.

자연 공부라는 게 그런 것이잖아요?
입산 금지, 접근 금지, 만지지 말 것……
이런 것들이 자연보호가 아니라
자연을 가지고 노는 것,
그래서 자연의 소중함을 몸으로 느끼는 게
오히려 적극으로 하는 자연보호가 아닐까 싶네요.

오늘도 교장실에서 12시 20분부터 이야기 듣기 교실이 열립니다.
게시판에 안내장을 붙여 두었지만
교실에서도 안내해 주세요.

오늘 즐겁게 보내고 주말 잘 지내세요.
(2011. 3. 19)

책 읽어 주기는
눈과 눈을 맞추면서 합니다

건강검진 잘 받고 왔습니다.
기본 검진에 여러 가지를 더하기 하여
꽤 긴 시간 검사를 하였습니다만
대부분이 기계와 상대를 했고
전문가인 의사 선생님과는
겨우 4~5분 정도 면담을 했을 따름입니다.

학교에서도 아이들과의 사이에
기계가 꽤 많이 끼어들었지만
그래도 여전히 기계보다는
눈빛과 눈빛, 마음과 마음,
따뜻한 말과 말들이 교실을 가득 채웁니다.

오늘은 올 들어 처음 맞는 책 읽어 주는 날입니다.
책 읽어 주기 어머니 도우미들이 배당되지 않은 반이나
어머니 도우미를 구하지 못한 반에서는
선생님이나 아이가 나서서 읽어 주도록 합시다.
저는 1학년 6반의
책 읽어 주는 도우미가 되었습니다.

책 읽어 주기.
컴퓨터나 기계를 이용하는 게 아니라

이렇게 우리가 직접 나서서
눈과 눈을 맞추면서
얼굴과 얼굴을 마주하면서 읽어 줍니다.

오늘도 아이들과 재미있게 하루 보내세요.
(2014. 3. 20)

새싹을 보게 하세요

주말 잘 보내셨나요?

생강나무꽃을 본 아이,
산수유꽃을 본 아이,
개나리꽃을 본 아이,
벚꽃 망울을 본 아이……
한번 조사해 보세요.
아이들이 자연과 친해지는 시작입니다.

여기 새싹이 힘차게 돋는 사진 몇 장 보냅니다.
중간 뜰에 있는 야생화 화분입니다.
사진을 보여 주면서 아이들에게
중간 뜰에 나가서 한번 보라고 해주세요.
그 거칠고 단단한 땅속에서 춥디추운 겨울을 지내고
힘차게 헤집고 올라오는 경이로움을 보는 것만으로도
아이들 가슴을 충분히 설레게 할 겁니다.
나중에 꽃을 피우고 열매를 맺을 때
새싹의 경이로움을 본 아이와 그러지 못한 아이가
느끼는 강도는 다를 겁니다.

봄은 달력 속 날짜로 오는 게 아니라
이렇게 학교 앞뜰 가득히 옵니다.

야생화 화분뿐만 아니라 학교 여기저기 보도블록 틈새로
민들레도 벌써 노랗게 피었습니다.
한번 찾아보라고 해도 좋겠습니다.
쾌청합니다.
아이들 이름을 불러 주면서
한 주 힘차게 시작합시다.
(2013. 3. 25)

니 준비물은 니가 챙겨 가!

화창한 봄날입니다.
오늘 아침에 교문에서
저학년 남자아이가 준비물을 잊고 와서
내 전화기를 빌려 집으로 전화를 했어요.
그런데 전화 속에서 들려오는 어머니 목소리.
"니가 준비를 못 챙겼으니까 니가 와서 가져가!"
그 소리 듣기 좋았습니다.
정말 제대로 하는 어머니구나!
준비물을 미처 챙기지 못한 아이가
다시 가서 챙겨 오는 게 옳고말고요.
백 번 맞지요.
손전화기 사 주지 않은 것도 칭찬할 일이고요.

준비물을 못 챙긴 게 마치 어머니 자신 잘못인 양
전화 받기 무섭게 부리나케 달려왔다면
그 아이가 비록 준비물 잘 챙겨 공부는 제대로 했을지 몰라도
스스로 제 앞가림을 하는 공부 기회는
아깝게도 놓치고 말았겠지요.
전화 받고 당장 준비물을 갖다 줄 형편이 못 되는 부모들은
퀵서비스로라도 배달을 한다니
웃어야 할지 말아야 할지······.

수요일 오후만 되면 어머니 야구 감독 한 분이
우리 학교 운동장에 나타납니다.
2학년인 자기 아들도
함께 들어 있는 꼬마 야구단을 데리고 말이지요.
한 번도 거르지 않습니다.
아이들은 잘 놀아야 한다면서요.
바른 교육을 몸으로 실천하는 분입니다.

"니 준비물 니가 다시 와서 챙겨 가."
이러는 어머니와 아이들과 함께 노는 어머니가
자꾸만 겹쳐집니다.

오늘도 아이들과 재미있게 보내세요.
(2014. 3. 25)

선거 공약 해결을 도와주세요

3월도 마지막 주가 되었습니다.
아이들도 어느 정도 새로움에 적응을 했을 겁니다.

그런데 한 가지 부탁이 있습니다.
반마다 회장과 부회장이
나름의 선거 공약을 걸고 당선이 되었는데
그 아이들의 공약 실천을 위해서
선생님들이 적극 도와주시면 좋겠습니다.

"분단끼리 피구 경기를 하도록 하겠습니다."
만약 이런 공약이 있었다면
짬 내어 피구 경기 마당을 열어 주세요.
"함께 앉고 싶은 아이와 앉도록 하겠습니다."
이런 공약이 있었다면
그 역시 선생님의 도움이 필요합니다.
선거 공약이 거짓이 되지 않도록 도와주어야 합니다.
선거로 뽑힌 지도자란 사람들이
선거 때 한 공약을 식은 죽 먹듯이 어기는 것은
대체 어디서 온 못된 버릇일까요?
교실은 이 세상을 다 담고 있는 거대한 공간입니다.

오늘 오후 시청각실에서 우리가 만나기로 했지요?
모임이 번거롭기도 하겠지만
바빠도 함께해야 할 때가 있습니다.
선생님들과 만남이 벌써부터 기대됩니다.

오늘도 즐겁게 보내는 하루가 되면 좋겠습니다.
(2013. 3. 26)

4월의 아침 편지
우리 소풍 가요

자전거 타기 토론 결과

4월 첫날입니다.
날씨가 기분 좋은 출발을 예고하네요.

어제 오후 2층 회의실에서 있었던 전교어린이회의에서
중요한 게 하나 결정되었습니다.

자전거 타고 등하교하는 것은 좋은 점보다는 문제점이 더 많기 때문에
타지 않는 게 좋겠다는 것이 그것입니다.

교실에서 그 문제를 두고 깊이 있게 다루어 준 덕택에
참석 아이들이 토론을 아주 잘했습니다.
찬성 9 반대 10이라는 토론 결과가 말해 주듯이
팽팽한 접전이었습니다.
나름 논리도 잘 세워서 이야기했고,
반박도 제법 그럴듯했습니다.
상대편을 설득시키는 힘은 부족했지만
자기들의 주장을 지키기 위해
여러 가지 자료를 내놓기도 했습니다.

강정이 선생님 수고했습니다.
아이들 토론 과정을 믿음을 가지고 지켜보는 모습이 보기 좋았습니다.
크게 힘과 용기를 얻어 다음에는 더욱 잘하게 되겠지요.

4, 5, 6학년 회장단들 칭찬해 주세요.
모두가 학급 대표 자격으로는 물론
전교어린이회 개인 참가자 자격으로도 잘 해냈습니다.
학원 결석하면서까지 참가한 아이들입니다.
회의를 앞에서 이끈 전교회장단은 더욱 잘 해냈습니다.
아주 좋은 어린이회 자치 활동을 보았습니다.

다음 토론 과제는
'학교에서 정해 놓은 실내화 대신
간편 슬리퍼 같은 것도 신을 수 있는가?'입니다.
물론 어린이회에서 의논해서 정한 과제입니다.

한 달 동안 혼자서도 충분히 생각해 보고,
또래 집단에서도 의견을 나누어 보고,
집에서도 식구들끼리 이야기 나누어 보고,
교실에서 최종으로 창체 시간을 활용해 토론도 하고,
마지막으로 전교어린이회의에서 토론을 하도록 해야겠지요.
그렇게 모아진 의견들을 학교에서는 적극 수용하고 말입니다.
이것이 자치이고, 참여이고, 민주스러운 삶입니다.

4월 첫날 아침, 오늘도 힘차게 시작합시다.
(2011. 4. 1)

우리 교원들도 토론을

온 누리가 꽃 천지로 4월이 시작되었습니다.
재미로 남을 속이고 속기도 한다는 만우절입니다.
교실에서 아이들 한 번 속여 보세요.
그리고 아이들의 어설픈 속임수에
한 번 속는 척해 보세요.
교실이 빵 터지면서 즐거움으로 출렁댈 수도 있겠지요.

우리 학교에서는
아이들이 다달이 토론 과제를 정해서
깊이 있게 생각하고 토론을 하잖아요.
4월 토론 주제가 곧 발표될 겁니다.

이에 발맞춰 우리 교원들도
토론 한 번 해보면 어떨까요?
4월에 토론할 주제 한 번 생각해 보세요.
토론이라기보다는 지금 교실에서 하고 있는
나름 생각이나 방법을
언제 날 잡아 시청각실에 전체가 모여서
이야기를 해보는 것이지요.
깊이 있는 연구 발표도 아니고,
그렇다고 잘하고 있는 사례 발표도 아니고,
또 누군가가 이것은 이렇게 하는 것이다 하고

강의를 하는 것도 아니지요,
또 누군가가 나서서 이론을 내보이는 것도 아닙니다.
그냥 생각나는 대로 이야기해 보는 겁니다.
듣기만 해도 좋고 이야기 당사자로 나서도 좋고요.
정보 교환 정도로 생각하면 되겠지요.
전 이런 시간이
그 어느 연수보다 좋다는 생각을 합니다.

한 번 이야기 마당을 열어 봅시다.
부담을 갖지 않아도 됩니다.
그냥 교내 연수 한 번 한다고 생각하면 됩니다.

오늘도 아이들과 재미있게 보내세요.
(2014. 4. 1)

명찰 달기와 디베이트

봄비가 옵니다.
봄비에는 아련한 그리움이 묻어 있어요.
뭔가 좋은 일이 곧 일어날 것만 같기도 해요.

어제 어느 교실에 보결수업 들어갔는데
그 반 아이들 몽땅 도서대출증 겸용 명찰을
목에 걸고 있는 게 아니겠어요.
한 아이도 빠짐없이요.
당연한 것인데도 너무 고맙고 반가웠어요.

명찰을 목에 걸 때 무슨 생각을 하느냐고 물었더니
글쎄 이러는 게 아니겠어요.
"오늘 공부 잘하게 해달라고 기도하면서 걸어요."
세상에!
완전 감동이었습니다.

그래요.
똑같은 것이라도
그것을 어떤 생각으로 어떻게 쓰느냐에 따라
하늘과 땅 차이가 납니다.

어제 디베이트 연수 잘 들으셨지요?
강의를 하시는 우리 학교 오유진 강사님이나
강의를 들으시는 우리 학교 선생님들
모두 열심이었습니다.
저도 잘 들었습니다.
교실에 적용해 봅시다.
그러다가 잘 안 되는 것이 있으면
오유진 선생님에게 달려가 의논합시다.

디베이트, 고쳐야 할 곳이 더러 있지 싶어요.
우리가 부족한 곳을 고치고 다듬어서
'우리 학교만의 디베이트'를 만들어 봅시다.
고쳐 나갈 수 있는 능력을 기르는 것도 교육이니까요.

오늘도 아이들과 행복하세요.
(2012. 4. 3)

산수유 알아맞히기

등굣길에 뒷문 부근에서
아이들과 나무 이름 알아맞히기 놀이를 했어요.
꽃샘바람 속에서도
노란 꽃망울을 터뜨린 산수유가 뒷문 부근에 있어요.
나무 이름을 알아맞히면 '딩동댕' 교문으로 들어가고
이름을 맞히지 못하면 이름을 아는 사람이 와서
"산수유!"라고 말할 때까지 기다리는 즉석 놀이였지요.

제법 많은 아이들이 알고 있었어요.
물론 개나리, 벚꽃, 진달래, 유채꽃……
온갖 엉뚱한 이름이 나오기도 했지만 말입니다.

아이들이 자연과 친해지는 방법으로
식물 이름을 아는 것이 중요하긴 합니다.
그렇지만 더 중요한 것은
그 식물이 자기 삶(놀이)에 들어오게 하는 일입니다.
그래야 머리와 가슴에 남는 법입니까요.
아파트 둘레에 지천으로 깔린 민들레지만
쉬 눈에 들어오지 않는 까닭은
그게 내 삶과 아무런 상관이 없어서입니다.
민들레 꽃잎으로 소꿉놀이를 하고
민들레 대궁으로 피리를 만들어 불고 놀다 보면

민들레가 내 삶 속으로 들어오게 됩니다.
그게 바로 자연과 하나 되는 것이라는 생각을
오늘 아침에 아이들과 즉석 돌발 퀴즈를 하면서
다시금 하게 되었습니다.

선생님들에게 한 가지 부탁드립니다.
학교 폭력에 관한 애니메이션 자료를 20차시 정도 만들려고 합니다.
교실에서 벌어진 학교 폭력 사례가 있으면 하나씩만 주세요.
자세히 쓰지 않아도 됩니다.
왕따, 언어폭력, 돈 뺏는 행위, 성추행, 골목길에서 있었던 일……
무엇이라도 좋습니다.
사례가 없으면
이러이러한 내용을 넣으면 좋겠다는 의견을 주셔도 됩니다.

아직 한 시간 더 해야 점심시간이네요.
여섯째 시간 수석교사 수업 보러 가야겠지요.

오늘도 바쁜 하루입니다.
(2012. 4. 4)

교장선생님 힘내세요

아침 운동을 마치고 돌아오는 길,
새벽에서 아침으로 바뀌는
경이로운 모습을 한참 동안 지켜봤습니다.
고층 빌딩보다 더 낮게 떠 있는
그 감귤색의 둥근 것은
태양이라고는 도저히 느껴지지 않는
공중에 띄워 놓은 커다란 풍선이었어요.
숨이 턱 막힐 지경이었다니까요.

지금 운동장에는
숙직하신 윤 선생님이 촉촉하게 물 뿌려 놓은 덕택에
우리 육상부와 스포츠클럽 아이들이
기분 좋게 아침을 열고 있네요.
아이든 어른이든 몸을 움직여야만 정신이 살아납니다.
아침부터 운동에 참여하는 모습 보기 좋습니다.
어느 반에서는 날마다 줄넘기를 100번 이상 하여
몸과 뇌를 깨운 다음에 하루를 시작하고 있습니다.

지난주에는 초등학교들을 줄 세우는
전국 단위 성취도 검사를 하지 않는다는
이 정부의 당초 공약이 확인되어 손뼉을 쳤습니다.

또 어제는 1학년 여자아이한테
가위로 오린 핑크색 하트 하나를 선물로 받았습니다.
그 아이가 그걸 주면서
"교장선생님, 힘내세요."
이랬어요.
왜 힘을 내라고 했는지는 몰라도
힘이 났습니다.
선생님들, '힘냅시다.'

주말 잘 쉬십시오.
아이들에게 참꽃 수술 싸움 해보라는
재미있는 숙제도 한번 내어봄 직해요.

오늘도 아이들과 하루 재미있게 보내세요.
(2013. 4. 5)

시간과 공간을 나누어 쓰는 지혜로운 나무들

주말 잘 보내셨지요?
아침 시간 10분 당긴 첫날인데
아이들이 잘 지켜 주었어요.

어제 전 앞산 등산을 하면서
자연의 지혜에 감탄을 한 게 있어요.
충혼탑 주차장에 차를 세워 두고
큰골로 해서 산성산 꼭대기까지 올랐어요.
내려오면서 본 숲속은
키 큰 나무와 키 작은 떨기나무로
확연하게 아름다운 이층 구조를 이루고 있었어요.
무슨 말이고 하면,
아카시나무, 고로쇠나무, 물푸레나무, 굴참나무,
상수리나무 같은 키 큰 나무들은
이제 막 잎을 틔울 준비를 하는데
그 밑층을 이루고 있는
병꽃나무, 개암나무, 때죽나무 같은 것들은
서둘러 잎을 활짝 피웠더란 말이지요.
자기 몸 아래에서 서둘러 잎을 피우는
키 작은 나무들을 위해
기다려 주고 있는 키 큰 나무들.

햇빛을 순차적으로 받기 위해서
시간과 공간을 이렇게 기가 막히게 나누어 쓰고 있는 식물들.
숙연하기까지 하잖아요?

자연은 우리의 스승입니다.
그 큰 나무들이 잎을 다 피우기 전에
아이들 산에 데리고 가셔서 함께 확인해 보세요.
신기해 할 겁니다.
나무들이 제각각 자기 색깔로, 자기 속도로
잎과 꽃을 피운다는 사실을 알면 말입니다.

오후에 시청각실에서 뵙겠습니다.
오늘도 아이들과 재미있게 보내세요.
(2014. 4. 7)

동그리 축구단

직원 나들이(학년 친목일)가 있는 아침, 날씨 참 좋습니다.
꽃놀이가 조금 늦기는 했지만 날씨가 큰 부조를 해주네요.
팔공산 벚꽃은 아직 한창일 겁니다. 연구실에서 늘 함께하던 얼굴이지만
화창한 봄날, 야외에서 함께하면 그 기분이 다르지요.
비담임 학년 선생님들도 모처럼 함께하고요.

체육일이라는 이름으로 나들이하는 날이니 운동 이야기 하나 해드릴게요.
어제 점심시간에는 밖에서 운동하는 아이들 만나러 나갔지요.
운동장 한가운데는 5학년 아이들 차지였어요.
(올해는 6학년보다 5학년이 더 많이 차지하네요.)
철봉과 늑철이 있는 놀이터도 언제나 북적북적했지만
가장 눈길을 끈 곳은 어린이공원 놀이터,
그 가운데서도 동그란 축구장이 단연 으뜸이었어요.
동서남북 사방이 터져 있는 이 동그란 놀이장은
바닥에 보도블록이 깔려 있고 벽은 콘크리트로 되어 있어
축구 경기를 하기에는 적당한 곳이 못 되지만
그래도 아이들은 그걸 축구장으로 쓰고 있어요.
점심시간에 우리 학교에서 가장 활발하게 축구 경기가 벌어지는 곳입니다.
주축은 4학년입니다.

어제는 3학년과 4학년 경기가 있었어요.
편은 그때그때 다른데, 주로 학년 대항 경기를 해요.
팀당 선수 숫자도 제멋대로입니다.

54

3학년이 많을 수도 있고, 4학년이 많을 수도 있어요.
경기를 하겠다고 오는 아이는
상대편 선수 숫자와 관계없이 모두 넣어 줍니다.
그리고 모든 선수가 심판입니다.

어제는 10대 6으로 4학년이 이겼어요. 선수도 4학년이 더 많았어요.
3학년이 져서 억울하면 다음에 선수를 더 데리고 오면 돼요.
가끔 오는 선수도 있고 점심시간만 되면 몇 년째 단골로 오는 선수도 있어요.

이런 멋진 축구단 이름이 없다기에 내가 제안을 했지요.
'동그리 축구단.'
경기장 모양을 본 따서 제안을 했는데 아이들이 모두가 좋다고 난리였어요.

점심시간에 유리창 밖으로 한번 내려다보세요.
어린이공원 서쪽 귀퉁입니다. 시간 있으면 한번 구경 가보셔도 괜찮아요.

그 아이들, 다섯째 시간 시작에 절대 늦지 않아요.
어제는 예령이 울리기 2분 전에 마치더라고요.
격렬한 운동을 하면서도 어쩌면 시간 감각이 그렇게 정확한지, 놀랐어요.
아이들은 이렇게 몸을 움직여야 몸도 마음도 바르게 자랍니다.

오늘도 아이들과 즐겁게 보내세요.
(2014. 4. 9)

소풍 잘 다녀오세요

주말 잘 보냈나요?

힘차게 시작하는 월요일 아침
비가 더 올 것 같지는 않지만
조금은 걱정이 되는 날씨네요.
그렇지만 곧 맑아질 것이라는 예보가 있습니다.
조심해서 소풍 다녀오세요.

모두들 초등학교 때 소풍 추억
한두 가지는 갖고 있겠지요?
새록새록 그리움이 피어나기도 하고
언제 꺼내 보아도 아련함이 묻어나는 추억
마음 서랍장 깊숙이 넣어 놓은 기억들 말입니다.

아이들과 좋은 추억 만들고 오세요.
억지로 추억을 만들려고 하지 않아도
동무들과 손잡고 재잘재잘거리며
벚꽃 흐드러지게 핀 사이를 걷는 것만으로도
추억이 만들어집니다.
구닥다리 같지만
보물찾기를 준비해도 괜찮지요.

학교는 제가 6학년과 함께 잘 지키겠습니다.
현장학습이 아니라 소풍입니다.
조심히 다녀오세요.
(2011. 4. 11)

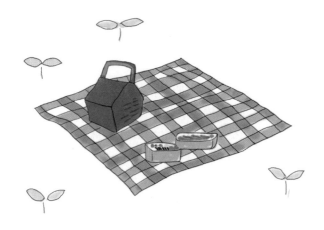

교실에 절하고 들어서기

주차장에 차 세우고,
가방 들고 현관으로 들어서는데
남문으로 들어오는 두 아이가
재잘재잘 아주 정다워 보였어요.
그런데 한 아이가
"교장선생님이다! 나는 교장선생님 뒷모습만 봐도 알아."
이러는 겁니다.
뒷모습만 봐도 안다고?
걸음을 딱 멈추고 손을 흔들어 주었지요.
다정히 손잡고 오던 두 아이도
손을 흔들어 답을 하네요.
아주 기분 좋게 하루가 시작되었습니다.
교장실 문을 열어
'배꼽 손' 해서 다소곳이 절을 하고 들어왔어요.

'절하고 교실에 들어서기.'
어제 학부모 연수 강사에게 배웠어요.
마지막까지 1학년을 담임하다가
유천초등학교에서 퇴임을 하신 윤판자 선생님.
날마다 교실에 들어설 때는
다소곳이 절을 하고 들어섰다고 했어요.
늘 일등으로 교실에 들어와서

아이들을 맞이하는 선생님이었으니
절을 할 때는 당연히 텅 빈 교실이었겠지요.
그 절 속에는
아이들을 존중하는 마음은 물론
오늘도 아이들과 함께할 수 있게 된 것에 대한 고마움,
아이들과 잘 지내자는 내면의 다짐 같은 것도
함께 들어 있지 싶어요.
그래서 저도 다짐했어요.
'교장실에 들어설 때 절을 하고 들어서자.'
그런데 처음이라 조금 쑥스럽기도 했어요.
그래도 계속 할 겁니다.

오늘도 아이들 이름 불러 주면서
재미있게 지내세요.
(2014. 4. 16)

걸어서 왔습니다

잔뜩 찌푸린 날씨입니다.
어제 관남초에서 열린 '지역교육 발전을 위한 이야기 마당'에 갔다 왔습니다.
모두들 자기 학교의 열악한 교육 환경에 대해서
이야기하며 도움을 청했습니다. 전 좀 다른 이야기를 했습니다.
우리 칠곡에 있는 작은 공원들이 좀 더 아이들 자연 공부에 쓸모가 있도록
손질도 잘하고 잘 가꾸어 주었으면 좋겠다는 이야기와
함지산이 자연학습장이 되도록
지자체에서 수목 이름표라도 달아 놓으면 좋겠다는 이야기를 했습니다.
새로운 것을 만드는 것도 좋지만
이미 있는 것을 잘 관리하고 잘 쓰도록 해야 한다는 말을 했습니다.

어제 출장 바로 직전에 1학년 여자아이가 교장실에 왔습니다.
내가 먼저 물었지요.
"어떻게 왔나요?"
몇 번 그렇게 물었어요.
멈칫멈칫하던 그 아이가 뭐라고 대답했는지 아세요?
"걸어서 왔습니다."
언젠가 교감을 할 때도 이와 똑같은 일이 있었습니다. 제가 잘못 물은 거지요.
'왜 왔나요?' '무엇 하러 왔나요?'
이렇게 물어야 하는데 말입니다.

그 아이가 교장실에 온 목적은 어떤 아이를 일러주러 온 왔습니다.
자기 반 남자아이가 칭찬열매를 자꾸 빼앗아 간다고요.

60

입학식 때 제가 한 말을 잊지 않고 있었나 봅니다.
"궁금한 것이나 어려운 일이 있으면 언제라도 교장실로 오세요."
'선생님, 쟤가 때려요.' '선생님, 누구가 욕을 해요.'
이처럼 일러주는 말은 아이들 가장 많이 하는 말입니다.
우리가 아이들과 눈을 맞춘다는 것은
허리를 숙여 물리적인 눈높이를 같게 한다는 게 아니라
쓸데없어 보이는 이런 아이들 말이 지금 그 아이에게는
꼭 하고 싶은 말이라는 것을 알고 제대로 들어 주는 게 아닐까 하는 생각입니다.
아이들은 쓸데없는 말을 하지 않습니다.
다만 눈높이가 다른 우리가 쓸데없는 말로 들을 따름입니다.
일러주는 말을 어떻게 처리하는가 하는 것은 다음 문제입니다.

오늘도 4, 5, 6학년 현장학습이 있고 시청각실에서는
저학년 학부모 연수가 있네요.
강사는 심후섭 송정초 교장선생님입니다.
혹시나 만나 인사를 나누고 싶은 선생님은
10시 바로 전에 교장실로 잠깐 오십시오.
그리고 오후 3시에는 운동장 개선사업을 위한 위원회가 열리고
역시 바쁜 하루가 되겠습니다.

지금 앞뜰과 중간 뜰에 가득 아이들 노는 모습이 보기 좋습니다.
오늘도 아이들과 재미있게 보내세요.
(2013. 4. 23)

전국노래자랑

쾌청한 금요일 아침입니다.

섬진강 시인 김용택.
자기 모교에 여섯 번이나 근무했던 그였지만
퇴임 날 교문을 나서다가 뒤돌아보면서 울었답니다.
아이도 그 아비도 가르쳤건만 잘못한 게 너무 많아서랍니다.
늘 뒤돌아보면서 죄지은 마음을 갖게 되는 게
아이들 앞에 선 우리들의 숙명인가 봅니다.
학교를 마치는 날 뒤돌아보면서
'너희들과 행복했다!'고
혼잣말이라도 중얼거릴 수 있도록 오늘 내일을 힘차게 살아야겠지요?

전 현재 감기 몸살 중입니다.
주말에 얻은 그놈이 아직도 알짱거리고 있습니다.
오전에는 내가 생생하고 오후에는 그놈이 힘을 펴네요.

그래서 내일까지 연습 마쳐야 할
송대관의 '차표 한 장' 노래 연습도 못하고 있어요. 무슨 말이냐고요?

저 5월 1일 여의도 케이비에스에 '전국노래자랑' 예심 보러 갑니다.
'아이고 깜짝이야!' 하실 분이 많지요?
노망치고는 심한 노망이라고 말입니다.
사연인즉 이렇습니다.

올해 스승의 날인 5월 15일이 일요일입니다.
그날 송해의 '전국노래자랑' 판이
스승과 함께하는 특별 행사로 한다나 어쩐다나요.
그걸 어떻게 알았는지 저와 띠동갑(50세)인
초임지 6학년 제자들이 일을 벌였지 뭡니까?
음치 선생한테 음악을 잘못 배운 앙갚음을
'전국노래자랑' 대회에서 망신시키는 걸로 갚는다나 어쩐다나요.

5월 1일 예심에서 통과되면 5월 10일 서울교대에서 녹화하고
5월 15일 전국으로 망신살이 뻗치겠지요.
제발 예심에서 '땡!' 하기를 속으로 빌고 있어요.
그런데 그 사람들 하는 말이 음치이기 때문에
더 붙을 가능성이 있다고 하네요.
음치를 음취(음악을 취미로 삼고 있는 사람)로 아나 봐요.
하루 전인 30일 영등포에 모여서
누구는 노래 부르고, 누구는 코러스 하고, 누구는 춤추고……
이렇게 난리를 치겠다네요. 감기 몸살은 떠날 줄 모르고 있는데 말입니다.
오늘 아침은 참으로 어이없는 긴 뉴스로 중요한 아침 시간을 빼앗았네요.

그러나저러나 김용택 시인은 선생 노릇 할 때도 행복했고
지금도 굉장히 행복하다고 하네요.
오늘도 아이들과 행복한 하루 보내세요.
(2011. 4. 29)

전교어린이회의에서 자전거 통학
안 된다는 것으로 결정이 났습니다

4월 전교어린이회의에서
등하교 때 자전거를 타지 않는 걸로 결정을 했습니다.
이제 우리는 아이들의 의견을 존중하여
뒷받침을 해야겠습니다.
자율, 자치, 민주적인 삶을 배워 가는 귀중한 자리입니다.

3년 전 전교어린이회의에서
실내화 주머니를 없애자는 결정을 했을 때
우리는 꽤나 걱정을 했던 기억이 있습니다.
그렇지만 우리가 아이들을 하늘처럼 믿고 존중하며 뒷받침을 해주었기에
개교 이래 한 번도 바꾸지 못한 실내화 주머니 문제를
거뜬하게 해결했습니다.
그것도 아이들 힘으로.

이번 결정 핵심은
'자전거 안 타기'가 아니라 '자전거로 등하교 하지 않기'입니다.

'복잡한 등하교 시간에 자전거를 타는 것은 위험하고
가까운 거리는 걷는 것이 더 좋다.'
이것이 결정 근거입니다.
자전거 타기 자체를 못하게 하는 것은 아닙니다.
등하교 때가 아닌 시간에

운동을 위해서 안전한 자전거길을 이용한다거나
구민운동장 같은 곳에서 자전거를 타는 것을
말리는 것은 아닙니다.

전교어린이회 결정 사항을 뒷받침하기 위해
우선 교실에서 아이들에게 결정 사항을 알려야 합니다.
그렇지만 자전거를 타지 않으면 안 될 이유가 있거나
꼭 타야 하는 학생들을 위해
교무실에 신청서를 준비해 놓고
학생들 스스로 까닭을 적어 신청하도록 하면 어떨까요?
정말 예외로 인정해야겠다는 판단이 서면
자전거에 스티커를 붙여 주고 그 명단을 작성하여
제대로 뒷받침을 해야겠습니다.

아이들은 어른들의 태산 같은 믿음 속에서
자존감을 갖고 당당하게 이 땅의 주인으로 자라납니다.

5월은 조금 더 힘을 내어 맞이했으면 합니다.

오늘도 아이들과 힘내서 지내세요.
(2014. 4. 30)

5월의 아침 편지

우리들 세상

전국노래자랑 예심 통과

계절의 여왕이라는 5월 첫 월요일, 해마다 5월이 오면 가슴이 설렙니다.
그런데 황사란 놈은 반갑지 않네요.

선생님들, 주말 잘 보내셨나요?
전 좀 색다른 경험을 한 주말이었습니다.
끝내 망신살이 전국으로 뻗치게 되었습니다. 제 음치 실력 말입니다.
스승의 날 기념 '사제가 함께하는 전국노래자랑'
본선에 나가게 되어 버렸습니다.
어제 5월 1일 여의도 케이비에스 공개홀에는
음치들로 해서 반란이 일어났습니다.
전국에서 모인 100개 가까이 되는 팀 가운데 15개 팀을 뽑는데
참으로 어처구니없게도 '딩동댕!'이 된 겁니다.

누가 선생이고 누가 제자인지 헷갈릴 정도로
세월의 무게를 가진 사람들이 모여
음치 노래에 몸치 율동…… 참으로 가관이었습니다.
전날 밤은 더 갈곳았어요.
우리 합숙소인 영등포역 앞 호텔 방에서는
37년 전에 성장이 멈춰 버린 철부지들이 노란 유니폼을 맞춰 입고
즉석에서 안무를 하고 노래 연습을 하며 난리를 쳤습니다.
마지막은 술집으로…….
예심 통과가 목표가 아니라 이 어처구니없는 반란 자체가 목표랍니다.

"우리 선생님은 음치입니다. 그래서 6학년 일 년 동안
음악을 한 시간도 안 해서 우리를 음치로 만들었어요.
졸업하고 37년 동안 쎄 빠지게 연습해서 음치 탈출했다고
자랑하려고 이렇게 나왔습니다."
인터뷰에서 제자 한 놈이 한 그 말에
심사위원들 빵 터지고 배꼽을 잡았습니다.
그 말 때문에 예선을 통과한 것 같아요.

37년 전 그 사람들이 어린 시절에 아련한 향수를 두고
이렇게 작당을 한 겁니다.

교육에서도 불신이 팽배한 불행한 세상
도대체 푸근함이란 찾아볼 수 없는 세상
배려 속에서 더불어 살아간다는 말은 교과서 안에 갇혀 버린 각박한 세상에
자기들 선생 회갑 진갑 맞았다고 이런 작당을 벌이는 사람들이 너무 고마워서
그냥 끌려서 무대에 섰습니다.
나는 그들을 딱 일 년 가르쳤지만
그들은 40년 가까운 세월을 가르쳐 주고 있습니다. '좋은 선생' 되라고요.

황사가 심합니다.
바깥놀이는 하지 않아야겠어요.
(2011. 5. 2)

운동회를 마치고

어제 날씨 애간장을 태우기는 했지만
'비 오지 않게 해주세요.'라고 소통 칠판에 써놓은
아이들의 요구대로 확실하게 비 오지 않게 했지요?

사람의 힘으로 어찌할 수 없는 하늘의 뜻도
해결해 줘야 하는 게 선생이고 학교입니다.
아이들에게는 학교가 우주의 중심이니까요.

지금 생각해도 어제 운동회는 감동 그 자체였습니다.
그 많은 아이들이 어떻게 작은 운동장에서…….
파장쯤 되면 지정 자리를 떠나 돌아다니는 아이들,
하드나 아이스크림을 빨면서
운동장 안팎을 서성이는 아이가 있기 마련인데
어제는 눈을 닦고 봐도 없었습니다.
'ㅇ학년 응원석으로 가세요.'
'ㅇ학년 자기 자리에 앉으세요.'
이런 방송 한 번 들리지 않았고요.

무슨 행사든 끝나고 나면 긴장이 풀리면서
허탈감이 찾아올 법도 한데
허탈감이 다 뭐예요,
진한 감동이 아직도 남아 있는데요.

행사가 끝나고 허탈감이 크면
그 행사는 내용보다는 껍데기에 무게가 가는 겁니다.
진짜배기 알맹이가 있는 행사는
진한 감동의 여운이 자리를 하지요.
행사를 주관한 체육부는 물론 모두모두 수고하셨습니다.

직접 운동장에서 아이들과 함께하신 선생님은 물론
급식 준비, 행사장 안팎의 안전 지도,
아낌없는 행정 지원, 촬영, 방송, 손님맞이……
모두모두 고맙습니다.

어제 선생님 한 분이 그러시데요.
"이때까지 겪은 운동회 가운데 단연 최고였습니다."
오른쪽 엄지손가락을 추켜세워 보이면서 말입니다.

혹시나 이거 아시나요?
제가 어제 6학년 손님 찾기 할 때
두 번 달렸다는 것을요.
한 번은 '본부석에 계시는 분!'이었고요,
두 번째 이게 중요합니다.
'잘생긴 남자 선생님!'
저는 어제 '잘생긴 남자 선생님'이었습니다.

오늘 아이들이 부모님 일터에 가서
많은 것을 배우고 오겠지요?
신문사와 텔레비전 방송국에서 동행 취재한다고 하길래
교육을 보는 눈이 있는 언론도 제법 있네 하고 생각했는데
역시 그게 아니네요.
방송국 사정으로 취재가 취소되었다네요.
텔레비전에 방영되고
신문에 게재되어 많이 알렸으면 좋았겠지만
처음부터 그걸 생각하고 한 일이 아니고
또 그와 관계없이
우리 아이들 멋진 체험 할 테니까 상관없습니다.
아이들 개별 체험학습 보내 놓고 이렇게 학교에서
부모님 일터에서 하루를 보낼 아이들을
상상해 보는 것도 괜찮지요?
부모님 일터 대신에 학교로 온 아이들에게는
지루하지 않도록 프로그램 잘 운영해 주십시오.

1학년 8반 교실 옆 벽면에
'창의력이 쑥쑥 상상 속으로'라는 칠판을
하나 마련해 두었습니다.
주제에 따라 자기 생각을 낙서하듯이
상상하여 써 보는 칠판이지요.

첫 주제는 '내가 달나라에 간다면'입니다.
많이 쓰도록 안내해 주세요.

오늘 부모님 일터에 간 아이들 중에
자기 아버지가 택시 운전사면 조수석에 앉아서
하루 종일 온 곳을 돌아다녀 보겠지요.
그리고 기사 식당에 가서 점심을 함께 먹고…….
생각만 해도 유쾌합니다.

오후에 학년별 친목 행사도 즐겁게 보내세요.
(2013. 5. 2)

우리는 늘 자신의
어린 시절을 떠올려 봐야

주말 잘 보내셨나요?
토요일에는 우리 학교 선생님 열세 분이
수업발표대회 1차 관문인
지도안을 쓰고 오셨습니다.
수고하셨습니다.

다행히 어린이날 날씨가 좋았지요.
어린이날 힘드신 분 많았으리란 생각이 드네요.
그러나 어쩌겠어요.
저희들 날이라고 야단들인데요.

자기도 아이 때가 있었다는 사실을
제대로 기억하지 못하는 사람은
진정한 어른이 될 수 없다는 말이 있습니다.
저는 가끔 아이들의 잘못된 행동을 나무라다가
깜짝깜짝 놀랄 때가 더러 있어요.
제가 훨씬 더 걱정스럽게 자랐다는 사실이 생각나서 그렇습니다.

교장실에서
다른 학교에 가서 저지레를 한 아이에게
남의 학교에 가는 것 자체가 나쁘다고 야단을 쳤어요.
세상에 이런 어른이 또 어디 있나 싶어서

후회를 하고 또 했습니다.
아이는 새장에 가두어 둔 새가 아닌데 말입니다.
아이들의 호기심을 '우리 학교' '남의 학교'라는
테두리로 묶어서야 되겠나 싶어요.
칠판만 바라보는 아이보다
창밖을 내다보는 아이에게
상상력과 창의성이 더 많을지 몰라요.

우리는 늘 자신의 어린 시절을
떠올려 봐야 하지 않을까 싶어요.

어린이날을 보낸 아침에
새삼스럽게 떠오르는 짧은 생각들입니다.
오늘도 아이들과 재미있게 지내세요.
(2013. 5. 6)

독서왕 뽑기 없어졌어요

전국의 6학년 학생을 줄 세우는
일제고사가 없어졌다는 소식을 기쁘게 전했던 것처럼
오늘 아침에도 제법 기쁜 소식이 있어 전합니다.

케이비에스에서 전국의 학생들을 상대로
어린이 독서왕을 뽑겠다며
대상 도서를 40권 정하고, 야단스럽게 광고를 하고,
덩달아 춤추는 장사꾼도 생겨나고,
야단법석을 떨더니
생각 있는 교사들과 학부모들 반대로
결국 없던 일로 했답니다.
정말 기쁜 소식입니다.

독서를 지겨운 공부로 만들어 버리고
재미있어야 할 책읽기에도 줄 세우기를 하려던
참으로 어이없는 일이었습니다.

책을 읽으면 책 내용을 외워야 하고,
그래서 누가누가 잘하나 식의 독서 골든벨이
학교마다 독서 활동 알맹이인 것처럼 되어 버렸지요.
마치 아이를 많이 괴롭히는 게
교육을 잘하는 것처럼 여겨지는,

이 못된 심보들이 교육의 이름으로
벌어지고 있으니…….

가장 쉬운 글자를 갖고 있고 책값이 싸며
세계에서 가장 독서하기 좋은 조건을 갖춘 우리나라가
오이씨디(OECD) 나라 가운데 독서율 최하위라는
이 설명 안 되는 도깨비 현상이 이래서 생겨납니다.

지금 교육부가 내세우는 게 뭔지 아시지요?
소질과 끼를 마음껏 발휘하게 하는 행복교육이라는 것을요.
구호에 그치지 않았으면 좋겠습니다.
무엇이든 하루아침에 바꿀 수는 없지만
방향만 옳다면 언젠가는 닿습니다.
속도는 느리더라도, 바르게 잡은 방향이
제발 제대로 갔으면 하는 바람 간절합니다.

기쁜 소식 전한다는 게 하소연 같은 글이 되어 버렸네요.
오늘도 아이들과 부모님 은혜
이야기하면서 재미있게 보내세요.

(2013. 5. 8)

꾸중보다는 칭찬을

주말 잘 보냈나요?
또 한 주가 시작됩니다.
비 온 뒤 맑은 아침
참으로 상쾌합니다.
이번 주는 굉장히 덥다고 하네요.
아이들이 에어컨 켜 달라고
성화를 하지 싶어요.

"한국의 교육만큼 고진감래 칠전팔기를 역설하면서
학생들을 고생시키고 학생들을 패배시키는 학교도 드물 것이다.
이는 자아의 형성을 잘못 이해하는 데 있다.
학생으로 하여금 지 못난 줄을 알게 해주어야
더 잘나 보려고 애쓰는 사람으로 될 것이라는
잘못된 생각이 그것이다."

교육학자인 성래운 교수 알지요?
평생을 교육개혁에 힘썼던 연세대 교수였지요.
그분이 어디에 쓴 글의 일부분입니다.
야단쳐서 못하는 것을 잘하게 하는 것보다는
칭찬하여 잘하는 것을 더 잘하게 하는 것이
옳은 교육 방법이라는 이야기지요.

칭찬,
가만히 찾아보면
어떤 아이들에게도 칭찬거리를 찾을 수 있습니다.
그러나 칭찬도 구체로 하는 칭찬이어야만 해요.
"착하구나!"
"공부 잘하는구나!"
이런 칭찬이 아니라
"도와 줘서 고맙다."
"어려운 문제인데도 거뜬하게 풀었구나."
이렇게 말입니다.
오늘 아침에는 갑작스럽게
'칭찬'이라는 말이 떠올라서
다 아는 이야기를 더 아는 척했습니다.

오늘 오후 2시에 명덕초에
책날개 담당 선생님들에게
책읽기 강의하러 갑니다.

오늘도 아이들과
재미있게 보내세요.
(2014. 5. 12)

스승의 날입니다

교직원 여러분 안녕하세요?
스승의 날 아침입니다.
작년 오늘에도 이런 글을 보냈습니다.

먼저 축하드립니다.
자랑스럽기보다는 조금 쑥스러운 날이
이 스승의 날입니다.

스승의 날
어떤 때는 비리의 대명사라도 되듯이 비난 받던 비운의 날
이제 와서 다시 되살려야 하느니 어쩌니 하면서
비행기 태우고 있네요.
교육이란 시류에 휘둘리지 않고
제 걸음으로 뚜벅뚜벅 걸어가는 것이어야 하는데
우린 어떤 때는 고개를 숙여야 하고
또 어떤 때는 목에 힘을 주고 해서는 안 되겠지요.
누가 뭐라든 우리는 아이들을 바라보며
우리 걸음으로 가야 하는 게 아닌가 싶어요.

그런 뜻에서 스승의 날에 선생님들이
아이들 앞에서고 학부모들 앞에서고
마냥 쑥스러워야 할 까닭은 없습니다.

스승의 날을 축하한다는 그 말까지
쑥스러워하고 사양할 필요는 없다는 말입니다.
고마워하는 마음을 받아도 될 자리이고
그런 일을 우리들은 하고 있습니다.

아무리 민주스러운 가정이라도
가장의 자리가 있어야 하고
부모의 위치가 있어야 하듯이
학교에서 선생님의 자리는 그 어느 자리보다 중요합니다.
우리는 하찮은 지식 몇 개 아이들에게 넣어 주려고
여기 힘들어 서 있지 않잖아요.

'홍익인간'
그건 교육에서 흔들림 없는 지향점입니다.
여기에는 1등, 2등 등수나
1점, 2점 점수에 목숨 걸지 않습니다.

어떤 신문에서 봤어요.
우리나라 교육 문제점을 드러내 놓다가
끝에 가서 이런 결론을 내리더군요.
"해외로 아이들을 보내는 것 말고는 해결책이 없다."
참담한 심정으로 읽었습니다.

"우리나라 교육은 공교육도 없고, 사교육도 없다.
오직 욕망 가득한 엄마표 교육뿐이다."
이 또한 가슴 아프게 다가왔습니다.

그러나 선생님,
아이들은 이렇게 우리 앞에서 재잘거리고 있습니다.
스승의 날이라고 서투른 글씨로 고맙다는 편지를 써서 내밀고 있습니다.
세상이 아무리 바뀌어도 이 아이들은
우리의 미래이고 희망입니다.

우리는 아이들을 하늘만큼 사랑하고 하늘만큼 믿으면서
이 자리에 서 있습니다.
그럴 시간도 있고, 공간도 가지고 있습니다.
우리는 많은 아이들을 사랑할 수 있는
행운을 가지고 있습니다.
몇 사람만 사랑하기엔 우리의 가슴은 너무 큽니다.

스승의 날 아침 다시 한 번 우리 스스로 축하를 합시다.
아이들 서툰 편지 한 장
저들이 소박하게 꾸민 교실 안 작은 행사에도
크게 만족하면서 기쁨 가득 담아 웃으면서 오늘을 보냅시다.

다시 한 번 축하드립니다.
아이들을 위해 학교 안에서 일하는 모든 분들,
교실 담임이든 행정으로 뒷받침해 주시는 분이든
점심을 해주고 교문을 지켜 주시는 분이든
우리 모두는 스승의 날 주인공입니다.

다시 한 번 축하드립니다.
(2013. 5. 15)

책임이라는 것

교무부장이 오늘이 로즈데이라네요.
주차장에 차를 세우면서
"작년 가을에 심은 우리 학교 줄장미가 예쁘게 피었는데
우리 아이들 숫자만큼 될까?"
이런 생각을 했는데 장미 날이라고 하네요.

우리나라에서 기념하는 날은
1월 1일, 3월 3일, 5월 5일, 7월 7일, 9월 9일……처럼
달과 날짜가 겹치는 날이 많은데,
서양에서 만든 기념일은
이상하게도 다달이 14일 많네요.
2월 14일 밸런타인데이
3월 14일 화이트데이
4월 14일 블랙데이
5월 14일 로즈데이……….

최근 독일의 한 젊은 검사가
94세 치매 노인을 살인방조죄로 기소를 했다고 해요.
그 노인은 젊은 시절
유대인 학살로 악명 높은 아우슈비츠 수용소에서
조리사로 일을 했다네요.
젊은 시절 조리사로 일하면서

살인을 방조했다는 게 죄목이라는 겁니다.
그래서 많은 세월이 흐른 지금 손자뻘 되는 검사에게 기소를 당한 겁니다.
그것도 치매라는 병을 앓고 있는데.

정신이 번쩍 들었어요.
하루하루를 책임 있게 살아야겠다는 생각과 아울러
세월호의 비극을 떠올리지 않을 수 없었어요.
어른이라는 이름이 이렇게 부끄러울 수 없어요.
이 죄를 어떻게 받을까?
도대체 어떻게 해야만
이 죄의식에서 벗어날 수 있을까?
그 길이 없다는 사실이
더욱 가슴을 먹먹하게 합니다.

'우리 아이들에게 더 많은 관심과 더 많은 사랑을 주자.'
지금 우리가 당장 할 수 있는 일입니다.

로즈데이입니다.
아이들 가슴 가슴에 사랑의 장미꽃을 하나씩 달아 줍시다.

오늘도 아이들과 재미있게 보내세요.
(2014. 5. 14)

모교는 마음의 고향

다시 금요일입니다.
온 산천은 아카시 향이 진동합니다.
찔레꽃 향기도 더하기가 되어
더욱 향기롭고 상큼합니다.

어제 스승의 날
정부에서고 학교에서고 공식적인 행사는 없었지만
아이들 마음속엔 스승의 날이 그대로 있었습니다.
어제 오후, 우리 학교는 졸업생들로 가득했습니다.
교무실과 교장실까지 찾아오기도 하고
초등학교 때 자기 담임을 찾아 이리저리 헤매고 다니는
그 아이들이 참으로 보기 좋았습니다.
철부지 어린 시절을 보낸 마음의 고향
스승의 날에 찾아갈 곳이 있는 아이들
스승의 날에 찾아올 아이들이 있는 선생님
모두가 보기 참 좋았습니다.

재작년에는 선생님을 찾아온 졸업생들에게
학교에서 아이스크림을 한 개씩 주기도 했습니다.
스승의 날 행사 때 조금 여유 있게 샀던 겁니다.
자기들을 따뜻하게 대해 주는 모교
자기들을 반갑게 맞이해 주는 옛 담임

거기에다 아이스크림까지…….
그 아이들에게 모교는
영원히 자랑스러운 고향입니다.
마음의 고향입니다.
그래서 모교는 해코지할 대상이 아니라
내가 아끼고 사랑해야 할 곳이 되지요.
교육은 넓게 멀리 보고 가는 것이 아닌가 싶어요.

어제 아이들에게 받은 편지 가운데
잊히지 않는 문구가 있습니다.
"교장선생님,
착한 선생님을 우리 선생님으로 해주셔서 고맙습니다."
담임을 향한 믿음과 사랑이 가득한
어린이다운 표현이었습니다.

착한 선생님들,
오늘도 아이들과 재미있게 지내세요.
그리고 주말 잘 보내세요.
(2014. 5. 16)

둘레를 살피면서 오는
여유 있는 등굣길

창문을 열어 아침을 맞는 상쾌함이
오늘도 기분 좋은 하루를 예고하는 듯하네요.

등교하는 한 아이가
네 잎 토끼풀이라면서
작은 풀잎을 하나 들고 들어왔어요.
얼른 보면 토끼풀 같기도 했어요.
잎자루가 긴 게 조금 이상하다 싶었지요.
그래서 그 잎을 자세히 살펴봤지요.
아니었어요.
'네가래'라는 풀이었습니다.
풀잎만 놓고 보면 토끼풀과 아주 비슷합니다.
네가래든 토끼풀이든
풀잎에 호기심과 관심을 보이고 있는
그 아이가 대견해서 칭찬을 해주었지요.

시간 정확히 맞추어 헐레벌떡
학교를 향해 질주하는 등굣길이 아니라
짧은 거리이긴 하지만
조금 여유를 가지고
등굣길의 둘레 사물과 눈인사도 나누고
활짝 핀 줄장미에 코도 갖다 대어 보고

그런 출근길, 등굣길이 되면 좋겠다 싶어요.

어제 학생문화센터에서
동평국악관현악단이 정말 대단한 연주를 했습니다.
연주 중에 전 숨이 멎을 것 같았어요.
연주가 끝나고도 그 여운에 젖어
한참 뒤에서야 일어났습니다.
학부모들이 만들어 손에 손에 펼쳐 든 글씨
"너희들이 있어 행복하다."
"백종훈, 이윤향 쌤 짱!"
이 또한 감동을 더했어요.

선생님, 교실에서 국악관현악단 아이들을
앞에 내세워 칭찬해 주세요.
아이들에게는 담임 칭찬이 최고입니다.

오늘도 아이들과 행복하게 보내세요.
(2014. 5. 22)

아이가 지은 시 한 편
감상해 보세요

방사능비

― 5학년 공성호

학교 가는 길
빗물이 튕겼다.
"아이 씨 클났다."
"임마, 좀 떨어져 와."
"내 옷에 빗물 다 튀기잖아."

방사능비가
친구 사이도 갈라놓는다.

5학년 3반 공성호가 쓴 시입니다.
"아이들은 모두 시인이다."라고 한
이오덕 선생님 말씀이 떠오릅니다.

아이들은 시인이면서 철학자입니다.
정말 놀라운 발견이잖아요.
살아 있는 시입니다.

삶에서 우러나온 진솔함이
가슴을 찡하게 하네요.

방사능비가 친구 사이까지 갈라놓는다는 이 말
가슴을 찡하게 울립니다.
잔잔한 감동이 아니라
마음을 온통 흔들어 놓네요.

우리 이런 맛에 학교생활 합니다.
좋은 시 함께 감동하자고 이렇게 보냅니다.
(2011. 5. 20)

앞산 자락길 걷기를 마치고

휴일 잘 보냈나요?
5월 마지막 주가 되는 이번 주,
더욱 힘차게 시작했으면 합니다.

지난 토요일에는 박나영 선생님이
제25회 정보올림피아드 본선에
제원이 데리고 참석하는 수고를 했지요?
수고 많았습니다.

어젠 학부모 행사인 앞산 자락길 걷기 아주 잘했습니다.
100명에 딱 한 명 모자라는 99명이
가족 단위로 룰루랄라 즐겁게 걸었습니다.
학부모회 동아리 중 하나인 '애기똥풀 동아리'에서
세 번이나 '미리 가 보기'를 하면서 준비한 행사라
빈틈없이 잘 진행이 되더라고요.

어제 행사 알맹이는 보물찾기였습니다.
그 옛날 구닥다리를 답습만 하는 보물찾기가 아니더라고요.
보물찾기도 진화를 한다는 걸 알았어요.
찾은 종이에 적힌 과제를 수행해야만
그제야 추첨권을 얻어서 선물이 나갔어요.
그런데 그 과제 내용이 정말 감동 자체였습니다.

'부모님 안아 주기'
'사랑하다는 말 세 번 외치기'
'효자, 효녀가 되겠다고 외치기'
'큰절하기'
'뽀뽀하기'
곁에 있는 사람이 그냥 신나면서도
코끝이 시큰한 그런 내용들이었어요.
뿐만 아니라 참가한 모든 아이들이
한 장은 꼭 찾도록 배려한 점도 좋았어요.
그렇게 하면 보물찾기의 참맛인 '행운'이라는 게 없어질까 봐
'한 번 더'라는 것도 살짝 끼워 넣는 재치까지.
그리고 완주 메달과 기념품을 줄 때는
한 가족도 빠짐없이 사진을 다 찍어 주는 치밀함까지.

식구들이 손잡고 행복하게 걷는 모습 정말 아름다웠습니다.
가족을 구성해 주는 그 틀은 정말 소중해요.
부모와 아이가 그윽하게 마주 바라보면
부모님 눈동자 속에 아이가 있고
아이 눈동자 속에 부모가 들어 있는 걸 발견하게 됩니다.

힘차게 이번 주 시작합시다.
(2011. 5. 23)

다락방이 있는 교실

5월 마지막 주 월요일입니다.
주말 잘 보내셨나요?

전 전북 진안에 있는 장승초를 다녀왔어요.
그 학교는 작은 시골 학교였어요.
그런데 특이한 것은
교실마다 다락방이 있었어요.

창밖으로 운동장이 훤히 내려다보이는 다락방은
참으로 아이들이 좋아할 공간이었어요.
그냥 뒹굴뒹굴할 수 있는 편안한 곳이었어요.
모든 교실은
아이들이 운동장으로
막바로 드나들 수 있도록 설계가 되었어요.
마치 자기 집 현관문 열고 드나들듯이 말입니다.
아이들이 쓰는 교실이 운동장과 맞닿은 앞 동에 배치되었고
교무실, 행정실, 교장실 같은 관리실은
뒷동에 배치를 했더군요.

무엇보다 반가운 것은
우리 학교와 똑같은 소통 칠판이 있었어요.
칠판 이름도

'더 좋은 학교를 만들기 위한 나의 생각'이었고
답변을 쓰는 칸 이름도
'고맙습니다'였어요.
우리 학교 것을 그대로 본떠서 했다네요.

다락방이 있는 교실
괜찮다 싶지 않나요?

오늘도 아이들과 재미있게 보내세요.
이름을 불러 주면서 말입니다.
(2014. 5. 26)

교육에도 골든타임이 있어요

오늘도 덥다지요?
어젠 대구가 35도를 넘었다고 해요.
여름도 한여름입니다.
5월에 폭염특보 수준이라니요.
이젠 정말 계절도 철이 없나 봅니다.

그 더위 속에서 장학도 잘했습니다.
장학이란 우리의 전문성을 더욱 공고히 하는 일입니다.
어느 기관 어느 부처에도 없는
독특한 형태의 전문성을 높이는 활동이지요.

어제 오후 시청각실에서는 우리 학교 학생 대표들이 모여서
'잔반 없애기'에 대해서 깊이 있는 이야기를 했습니다.
자기가 먹을 만큼 받아서 일단 받은 것은 다 먹기로 했답니다.
아이들의 이런 결정을 뒷받침해 주기 위해서
식당에서 배식 방법을 천천히 의논해 보겠습니다.
우리 학교에는 자율급식대가 있어서
조건은 마련되어 있습니다.

지난달에 아이들이 스스로 정한
'자전거로 등하교 하지 않기'
그 결정을 존중하여 뒷받침을 해준 결과

놀라울 정도로 잘 정착이 되고 있습니다.
이건 결코 작은 일이 아닙니다.
그렇게 걱정거리이던 자전거 거치대 이중 주차 문제와
엎어지면 코 닿을 거리에서도 버젓이 자전거를 타고 다니던 문제가
아이들 스스로 결정으로 다 해결이 되었잖아요.
자율의 힘은 이렇게 큽니다.

다시 말하지만 민주스런 삶을 익히는 교육은
교과서 안에 있는 게 아니라 아이들의 삶 속에 살아 있어야 합니다.

'골든타임'
아이들이 자라는 교육 현장에는
날마다 '오늘'이 골든타임입니다.

5월 마지막 주말입니다.
벌써 향기 짙은 밤꽃이 피고 있습니다.
들판에는 토끼풀도 하얀 꽃을 피웠습니다.
아이들 꽃반지, 꽃목걸이 만들어 보는 재미있는 숙제도
괜찮겠다 싶습니다.

오늘도 아이들과 즐겁게 지냅시다.
(2014. 5. 30)

6월의 아침 편지

찔레꽃 따 먹어요

대견한 우리 아이들

주말 잘 보내셨나요?
6월입니다.

지난 금요일 오후 운동장가에서
6학년 여자아이들이 모여서 이야기하는 가운데
'육월'이라는 말이 나와서 내가 참견을 했지요.
"육월이 아니고 유월이지."
그랬더니 옆에서 한 아이가 끼어들었어요.
"맞아요. 십월이 아니고 시월이고요."
"맞다. 잘 알고 있네."
이렇게 일상의 이야기 중에서도 공부를 하게 되고
또 마음도 자란다고 말했지요.
우리 몸이 나도 모르는 사이에 자라듯이.
그랬더니 그 아이들 모두가
"아!"
이러면서 고개를 끄덕였어요.
진심이 묻어나는 모습이었어요.

제가 늘 이야기하지만
우리 학교에는 일상으로 볼 수 있는 이런 모습,
다른 곳에서는 흔하지 않습니다.

이럴 때 요즘 아이들은
"별걸 다 간섭하네."
"치! 아는 체하기는."
대체로 이런 반응을 보인다는 것을 우리 잘 알잖아요.

우리 아이들의 모습이 너무 예뻐
주말 내내 행복했습니다.
그래서 주말을 더욱 잘 보냈습니다.

지난 토요일에는 구룡포 근대역사공원에
이오덕 선생님 제자 8명이 모였는데
거기서 이 이야기를 했더니 모두 대견하다고들 했어요.
요사이 보기 드문 모습이라고요.
그 사람들, 모두 현직 전직 선생이거든요.

오늘 오후에는 시청각실에서
화재 대피 교육이 있습니다.
오늘도 아이들과 재미있게 보냅시다.
(2014. 6. 2)

선생이라는 자리

이틀 이어진 영양가 있는 휴일 잘 보내셨나요?
저는 아주 잘 보냈습니다.

딱 40년 전에 근무했던
낙동강 상류 강가에 있는 임기초등학교에 가 보았습니다.
초임지인 거기서 4년 근무했어요.
거기서 1정 연수도 받고 결혼도 하고 그랬던 곳이지요.
6학년 68명을 담임하면서
등사판으로 만든 '산머루'라는 학급 문집을 주 2회씩 만들어 내던 곳.
새벽같이 아이들을 불러 태권도를 가르쳤고
저녁마다 아이들을 하숙집으로 불러 라면 끓여 먹으면서 철없이 놀던 그곳.
그야말로 내 모든 것을 바치던 곳.
이젠 아이들이 겨우 10명 정도인 아주 작은 분교장이더라고요.

거기서 가르쳤던 제자들이 50을 넘기면서
귀농, 귀촌이라는 이름으로 하나 둘 고향으로 돌아왔어요.
여름에도 발이 시려 담그지도 못하던 물 좋은 곳에
전원주택처럼 펜션을 지은 사람,
대기업에서 퇴직하고 들어와
트럭 몰고 경운기 타고 농사일 시작하는 사람,
한우 농장을 시작한 사람,
모두모두 모여서 이런저런 이야기로 밤을 새웠어요.

40년 전에 담임과 학생으로 인연을 맺었고
긴 세월 동안 그 인연을 키워 왔던 관계.
누가 멘토고 누가 멘티인지 모르겠더라니까요.

과음에다 잠 설치고 라면으로 아침 때우고 돌아오는 길
"이게 선생 한 보람이구나."
"이게 40년 동안 이 자리에 서 있게 한 힘이었구나."
혼자 만족해 하고 혼자 뿌듯해 하면서 돌아왔습니다.

오늘 선생님 앞에 있는 아이들
40년 뒤에 선생님과 그렇게 만날 아이들입니다.
이게 우리가 아이들만 바라보면서
이 자리에서 두 발로 힘차게 서서
오늘을 열심히 살아가게 하는 힘입니다.

이 공적인 공간에 내 개인 이야기를 늘어놓아
쑥스럽기도 하고 민망하기도 합니다만
선배 선생이 살아온 넋두리 같은 이야기일지라도
아주 작은 보탬이 될 수도 있겠다 싶어 그냥 써 보았습니다.

우리 아이들과 오늘도 재미있게 보내세요.
(2012. 6. 7)

기록은 기적을 낳아요

현충일 잘 보내셨나요? 곧바로 금요일이네요.
선생님들이고 아이들이고
아주 가벼운 마음으로 학교에 왔지 싶어요.

이번 주 연 3일 동안 전 이리저리 출장 다니느라 분주했습니다.
교문을 들락날락하면서 선생님들에게 미안했고
솔직히 눈치도 보였습니다.

지난 5일에는 33년 전에 졸업을 한 몇몇 제자들이
갑작스럽게 들이닥쳤습니다.
달랑 하루 전에 연락을 하고서 말입니다.
점심 먹으면서 몇 사람, 저녁 먹으면서 몇 사람,
술자리에서 몇 사람,
이렇게 더하기가 되어 나중에는 꽤 많이 모였습니다.

그날 생일이 든 제자도 한 사람 참석했기에
인사 삼아 한 마디 건넸지요.
"넌 오늘이 생일이잖아. 미역국은 먹었어?"
이 말 한 마디에 난리가 났습니다.
모두가 깜짝 놀라는 것은 물론 한 사람이 그만 눈물을 보이는 통에
여기서 훌쩍 저기서도 훌쩍……
온통 눈물바람이 나고 말았답니다.

사실은 모인다는 연락을 받고 그날 밤에 커닝을 좀 했지요.
6학년 때 그 사람들과 함께한 학급 생활을 기록한
'학급경영록'을 살펴본 것이지요.
기록이란 이렇게 세월을 넘나들며 기적을 만들어 냅니다.
좀 사기성이 있는 일이었지만 말입니다.
기록은 역사가 되고, 역사는 미래의 나침반이 됩니다.

우리는 오늘도 아이들과 역사를 만들어 가고 있습니다.
오늘은 영어교과 조시연 선생님 신규 장학이 있습니다.
우리 학교 신규 선생님들은
정말 제대로 된 신규 장학을 받는 행운이 있습니다.
교장, 교감을 하면서 가장 큰일인 장학을
제대로 못하는 것 같아 늘 마음 한구석 찜찜했는데
여병동 수석님이 제 큰 짐을 덜어 주고 계십니다.
고맙고도 고맙습니다. 교내 장학, 정말 쉽지 않은데 말입니다.

지난번 신규 교사를 위한 중견교사의 시범 수업까지 있었잖아요.
흔치 않은 일이었지요.

오늘도 2013년 6월 8일의 역사를
아이들과 재미있게 쓰세요.
(2013. 6. 8)

아픈 기록도 있는 법입니다

오늘도 그다지 덥지 않게 아침이 시작됩니다.

어제 퇴근 시간에 맞춰 교장실에 손님이 세 사람 왔어요.
11년 전에 달성옥포초에서
제가 1학년을 담임했던 사람들입니다.
두 사람은 제자고, 한 사람은 8개월 된 아가였어요.
그 아가를 가진 엄마는 어쩐 일인지
1학년 때도 담임인 저에게 자주 반말을 했어요.
애교가 많아서 그런지 늘상 "응" "어" 이런 식이었어요.
그런데 놀랍게도 엄마가 된 지금도
저에게 반말이 더 많았어요.
그게 너무 신기해서 우리는 배를 잡고 웃었습니다.

또 한 사람의 제자.
그는 우리 반 38명 가운데
유일하게 글자를 모르는 아이였어요.
1학년을 마칠 때까지 글자를 몰랐어요.
다달이 학급 문집 '신나는 교실'을 만들었는데
거기에 이렇게 씌어 있어요.
'주희가 오려 붙인 그림'
무슨 말인고 하면,
우리 반 문집 '신나는 교실'에는

39명(담임 포함) 한 사람도 빠짐없이
자기 일기 글을 실었어요.
그런데 글을 모르는 그 아이를 참여시키는 방법으로
그림을 오려 붙이게 한 것이지요.

집에 보관해 두었던 그 문집을 오늘 가져오긴 했지만
차마 내놓지 못했습니다.
이제 어른이 다 된 주희 눈치가 보여서 말입니다.
문집에 실렸던 개인일기, 학급일기 등을
어젯밤에 미리 읽었던 터라
그때 그 시절 이야기는 많이 할 수 있었습니다.
기록이 기적을 낳는 것은 맞습니다.
그렇지만 기록이 가끔 이런 아픔을 주기도 하네요.

오늘도 아이들과 재미있게 지내세요.
(2014. 6. 10)

공주들이 전국대회에 출전하게 된 까닭

오늘도 선선하네요.

어제 두류야구장에서는 반란이 있었어요.
공을 쳐놓고 어디로 달려야 하는지도
잘 모르는 야구 왕초보들.
우리 학교 여선생님과 친선 경기에서도 5 대 6으로 지고 만
우리 학교 소프트볼 여자팀이 우승을 차지했습니다.
전국대회에 대구 대표로 출전하게 되었습니다.
반란이지요.

사실 우리 팀 선수들은 공주 가운데서도 공주들입니다.
경기를 하다가도 자기 머리 모양 흐트러질까 봐
버릇처럼 앞머리카락 만지면서 달리는 아이들입니다.

그날 다른 학교 출전 선수들보다
기량이 뛰어난 것도 아니었습니다.
실력들이 고만고만했습니다.
그런데도 우리가 역전 한 번 당하지 않고
줄곧 앞서서 이길 수 있었던 것은,
제가 보기로는
우리 아이들이 평소처럼 재미있게 즐기면서
경기를 해서 그런 게 아닌가 싶습니다.

다른 학교 아이들은 경기장에서 굳어 있는 것 같았는데
우리 아이들은 그러지 않았습니다.
"셀빠 가자!"
이러면서 힘을 모으더라고요.
나중에 알았습니다.
셀빠라는 게 고기 뷔페식당 이름이라는 것을.

인지초에서 열렸던 배드민턴에서도
서부 대표로 선발이 되었습니다.
인지초에서 한 경기는 보지 못했지만
역시 그런 자세로 하지 않았나 싶네요.

학교에서 하는 운동 경기는 지나치게 기량만을 따지는
엘리트 위주가 되어서는 안 된다는 게 제 평소 생각입니다.
물론 운동 경기에 경쟁이 없을 수는 없지만 말입니다.
'재미있게 경쟁'
말이 되나요?
그래서 전 학교에 도입된
스포츠클럽 정책을 반기고 있습니다.
자기 머리 매만지기에 바쁜 우리 소프트볼 선수들,
아무리 봐도 엘리트 선수는 아니거든요.

스포츠클럽 대회처럼 이런 경기가
교육과정 운영에 바쁜 우리 선생님 손을 떠나
생활체육으로 정착이 되어야 하는 까닭이 여기에 있습니다.
이번에도 몇몇 종목은
경기 협회에서 주관을 하기도 했습니다.
앞으로는 방과 후 교육으로 자리를 잡아
바쁜 선생님들 손을 떠나서도
아이들이 스포츠클럽 동아리에
적어도 한두 개 들어가서
부지런히 몸 움직이며 즐기면 좋겠다 싶습니다.
그래서 없어진 골목놀이 대신으로
이 스포츠클럽이 자리를 잡았으면 얼마나 좋을까
하는 생각을 해봅니다.

어제 아버지모임 이야기를 하려고 했는데
스포츠클럽 이야기가 길어지고 말았네요.
어젯밤 시청각실에서 열린 아버지모임은
동평에 또 하나의 역사가 씌어지는 순간이었습니다.
아버지모임 자체도 100퍼센트 자생 모임,
연수회도 자율적인 행사,
거기에 참석한 학부모들은 물론 본교 선생님도
100퍼센트 자기 뜻으로 참석하셨습니다.

그래서 1당 100입니다.
참여를 강제해서 오신 것과는
하늘과 땅 차이입니다.

오늘도 아이들과 재미있게 보내세요.
(2014. 6. 12)

입보다 귀

어젠 중국 길림성 교원연수단 맞이 잘 했습니다.
교감, 교무, 연구부장, 교무실, 행정실
모두모두 수고하셨습니다.
국악관현악단 여민락 연주와 여수석 님의 대금 독주
그리고 우리 예쁜 합창단 연주 모두 고맙습니다.

간밤에 내린 비로 세상이 맑아진 듯합니다.
한결 시원하고요.
교장실 앞 칠판에는 아이들이
에어컨 켜 달라고 아우성이네요.
쓴 아이들이 모두 5층에 있는 아이들입니다.
5층은 무척 더웠겠다 싶습니다.
다행히 오늘은 시원하네요.
낭비는 하지 말아야 하지만
꼭 써야 할 것까지 아껴서는 안 되겠지요.
학교는 아이들 위해 있는 곳입니다.
찜통을 만들면서까지 아끼자는 건 앞뒤가 맞지 않습니다.

냉방이고 난방이고
그리고 그 어떤 것이고 간에 교실이 먼저입니다.
더우면 언제든지 행정실로 연락하세요.

오늘도 바쁘네요.
소통을 위한 사제동행 출장이 많습니다.
함께하는 아이들과 좋은 시간 만드세요.
아이들 이야기 많이 들어 주고요.
이럴 때는 입보다는 귀가 더 필요합니다.
어렵고 힘든 아이들에게는 따뜻한 말도 좋지만
고개 끄덕이며 들어 주는 게 더 좋습니다.

오후에는 노동균 선생님이 지도하신
프리테니스 대회가 복현초에서 있습니다.
어제 경기를 한
우리 여자 풋살부는 당당히 예선을 통과해서
다음 14일 경기를 준비하고 있습니다.

시원하고 쾌적한 오늘
아이들과 더욱 재미있게 보내세요.
(2012. 6. 13)

부끄럽고 부끄러운 이야기

주말 잘 보내셨지요?

전 지난 토요일에는
36년 전에 졸업한 제자들이 하는
동기회 잔치에 참석했습니다.
36년, 긴 세월이지요.
일본에게 나라를 강점당했던 세월과 같군요.
그 자리에서 기가 막히는 이야기를 들었어요.
그때 급식은 없고, 아이들에게 건빵이 나왔어요.
담임인 내가 그 건빵을 고루 나누어 주지 않고
아주 불공평하게 나누어 주었다네요.
자기 목표 점수에 닿은 아이에게는
건빵을 덤으로 주었는데
그 덤으로 준 건빵이 도대체 어디서 나온 걸까요?
자기 목표 점수 미달 아이 것은 아니었을까요?

전 까맣게 잊고 있었어요.
제자들은 그것도 추억이라고
하하 웃으면서 이야기를 했지만
정말 부끄러웠어요.
아이들은 대수롭지 않게 생각했지만
전 그러지 못했습니다.

114

'어찌 선생이라는 사람이 먹을 것을 가지고……
그것을 교육 방법이라고…….'

그 사람들은 이런 내 마음을 아는지 모르는지
지금도 자꾸만 1박 2일의 추억을
글로 사진으로 보내고 있네요.

우리는 '오늘'을 잘해야겠어요.
그리고 '있을 때' 잘해야겠어요.
후회할 땐 이미 늦어요.

'오늘'도 아이들과 재미있게 보냅시다.
(2014. 6. 16)

아이들을 기다리는 달콤한 아침 시간

아침,
아이들을 기다리는 시간은 참 달콤하다.
그 시간이 달콤하고 좋아서 나는 학교에 늘 일찍 간다.

민혁이는 학교 오는 모습이 조금 우습다.
나는 민혁이가 걸어오고 있음을 본능으로 안다.
복도 끝에서부터 들리는 민혁이 발소리
자기가 든 우산에 자기 발이 걸려 넘어지는 소리
사레가 걸렸는지 캑캑거리는 소리
나는 웃음을 꾹 참고 교실 문이 열리기를 기다린다.

김해 신명초등학교에 있는 공정현이라는
내가 잘 아는 선생님의 글입니다.

아이들을 기다리는 달콤한 시간,
그 시간이 얼마나 달콤한지
겪어 본 우리들은 압니다.
그래서 이 글이 가슴에 와 닿고 정겹습니다.

나를 찾아오는 발소리를
가슴으로 느끼며 듣고 있다는 건
사랑입니다.

사랑이 있어야 발소리가 들립니다.
사랑이 있어야 발소리가 구별이 됩니다.

어머니 발소리
아버지 기침소리
심지어 부스럭대는 소리까지도 구분이 되게 하지요.
사랑이.

오늘도 아이들은 자기 발소리를 내며
선생님을 찾아오고 있습니다.

아이들과 재미있게 보내세요.
(2014. 6. 17)

토론이 있는 학교

학교에 들어서니
날마다 조금씩 본모습을 드러내는 바나나가 반갑습니다.
쳐다보고 또 쳐다봐도 하루하루 자라는 모습이 신기합니다.
옥수수자루 같은 곳에서 한 겹 두 겹
바나나가 모습을 드러내 주는 것을 보는 즐거움은
흔치 않는 경험입니다.

소통 칠판에 아이들이 써놓은 글을 읽는 것도 아침 재미를 더합니다.
'수련활동도 못 갔으니 7교시 수업이라도 없애 줬으면…….'
수련활동과 7교시를 두고 흥정을 하려는 아이 글에서
아이다운 진솔한 마음을 읽습니다. '픽' 하고 웃음이 나오기도 하고요.
교장실 문을 열고 배꼽손 하여 다소곳이 절을 하고
발을 들여놓는 재미도 괜찮습니다.

다음으로 교무부장의 교무통신 읽기, 동평 하루가 빼꼭합니다.
그 역시 즐거움으로 읽습니다.

23일(월)에는 시청각실에서
'과제'에 대해서 이야기 나누기가 예정되어 있네요.
참으로 좋은 학교입니다.
너무나 오랜 세월 동안 버릇처럼 내려오는 '방학과제'
짚어 봐야 하고말고요.

과제를 어떻게 내고 과제를 어느 때 내고 과제를 어떻게 처리하고
그리고 도대체 '과제'가 교육적으로 어떤 자리인지
이야기해 보자는 것이잖아요?
또 아이들도 머리 염색, 화장을 두고 토론을 합니다.

'토론.' 그렇습니다. 토론입니다.
토론은 다른 사람의 생각을 듣고 받아들이는 것을 바탕으로 합니다.
토론이 없는 사회, 토론이 없는 직장, 토론이 없는 어른은
어린애나 마찬가지입니다.
어린애에게는 남은 없고 자기뿐입니다.
엄마도 자기이고 아빠도 자기입니다. 그래서 멋대로 떼를 쓰는 것이지요.
토론은 남을 인정하는 데서 출발합니다.
'가만히 있어라.'
'내 말만 들어라.'가 얼마나 잘못된 교육인가를
제대로 된 교실 모습이 아니라는 것을
세월호 참사를 통해서 뼈저리게 느끼고 있잖아요.

숙제, 과제에 대해서 격식 없이 이런저런 이야기를
많이 나누는 자리가 되기를 기대합니다.

오늘도 아이들과 재미있게 보내세요.
(2014. 6. 19)

일기쓰기 강의 내용

소문만큼 덥지 않아서 다행입니다.
가뭄은 정말이지 걱정 수준을 넘어서고 있습니다.

오늘은 학부모 연수일이네요.
많은 학부모들이 와서 자녀와 소통에 대한 이야기도 듣고
자녀 성교육에 대한 이야기도 들었으면 좋겠습니다.

어제 제가, 자기 마음을 정직하게 드러내 놓는 일기쓰기는
담임과 믿음 속에서 가능하며
그것이 아이들 자신에게는 억눌린 감정의 탈출구이며
담임에게는 아이를 들여다볼 수 있는 소통의 수단이 된다고 했잖아요.
아이들의 일기에서 억울한 일, 화나는 일이 그대로 나타나기를 소망합니다.
그것이 제대로 된 교육의 거울이라는 생각이 들어서입니다.

어제 소개한 1988년 경북 봉화 청량산 시골 아이들 일기 가운데
이런 글도 있습니다.

텔레비전 선전

– 6학년 조연옥

오늘 텔레비전을 보면서 우리말이 아닌 선전을 적어 보았다.
싱싱랩, 카네스텐, 르까프, 수퍼타이, 넘버원, 점프에이, 비와이씨.

투투, 락스, 타이거, 카파, 오리엔트, 하이파이브, 트리오……
이 말고도 수없이 많다. 내가 외국에 와 있나?

이 아이들, 담임에게 불만이 가득한 글 일기로 많이 쓴 아이들입니다.
담임을 향한 비판의 눈길이 이렇게 사회 문제로도 눈 돌릴 줄 알게 합니다.
담임에 대한 심한 비판이 사랑의 또 다른 표현이었듯
이 또한 우리글과 말에 대한 따뜻함을 밑에 깐 비판입니다.
건전한 비판, 비판적인 눈 기르기, 이게 교육의 근본 뿌리입니다.

자기 식으로 성장한 완전하지 못한 어른이
아이들에게 '나를 따라라.'고만 한다면 그게 바른 교육일까요?
자기 눈으로 자기 생각으로 세상을 볼 수 있는 눈을 기르는 데도
일기가 좋은 수단이 됩니다.

전 지금부터 하루 종일 출장입니다.
오후에는 대전 목동초등학교에 가서 세 학교에서 모인 선생님들을 상대로
글쓰기, 일기쓰기에 대해 이야기를 합니다.
어지간하면 학기 중에는 관외로 가지 않으려고 했는데
이 학교는 작년 교육과정을 설계할 때부터 요청이 거듭된 것이라서 갑니다.

오늘도 아이들 이름을 하나하나 불러 보면서 하루를 즐겁게 보내세요.
(2012. 6. 21)

신규 교사

다시 한 주가 시작되는 월요일입니다.

이번 주에는
오늘(김소영, 조성연, 성민지)
목요일(백성영, 최소망, 진종자)
선생님 신규 장학이 있습니다.
신규! 가슴 떨리는 낱말입니다.
그리고 희망 넘치는 말입니다.
신규 선생님은 교직 사회에서 '어린이'입니다.
어린이는 우리의 희망이고 미래이듯이
신규 선생님은 우리 교단의 희망이고 미래입니다.
어린이가 반듯하게 자라도록 온 마을이 나서야 하듯이
우리 신규 선생님들이 첫출발을 잘하도록
선배들이 도와주고 이끌어 주어야 하는 까닭입니다.
그 한가운데 수업이 있습니다.
다행히 우리 신규 선생님들이 열의를 갖고
자기 수업을 잘 만들어 가고 있습니다.
자신감을 가지고 있는 듯해서 더욱 좋습니다.

신규들이 근무해 보고 싶은 학교 제1호가
우리 학교라는 참 듣기 좋은 소문이 돌아다닌답니다.
우리 학교 신규 선생님들

신규 장학 빡빡하게 하는데도 말입니다.
신규 선생님들이 학교에 적응을 잘하고 있다면
그건 선배 선생님들 덕분입니다.
신규 선생님들은 솔직히 말해서 교감이나 교장보다는
선배 선생님들을 더 의식하면서 지내거든요.
우리 모두 신규 때가 있어서 잘 알잖아요.

글을 써놓고 나니 어째 이상하네요.
신규 선생님이나 선배 선생님에게
도움이 되지 않는 글이 되고 만 것 같아요.
그래서 할 수 없이 제가 이 글을 쓴 의도를
다시 한 번 정리해야겠어요.

1. 우리 학교 신규 선생님들 참으로 자랑스럽다.
2. 그건 선배 선생님들 도움이 크다.
3. 신규 장학 부담 갖지 말고 하시라.

이 세 가지입니다.
글이 왔다 갔다 해서 죄송합니다.

오늘도 즐겁게 보냅시다.
(2014. 6. 23)

사교육비 줄이기가 아니라
사교육 시간 줄이기라야 한다

서늘해서 좋기는 한데 자꾸만 걱정이 되는 날씨입니다.
6학년이 전국 성취도 평가를 쳐서 큰 산을 넘었습니다.
오늘 등교하는 아이들 발걸음이 달라 보였습니다.
그런데 6학년이 이렇게 말을 하데요.
"아직 29일이 남았어요!"
학교 안에서 보는 시험을 두고 하는 말입니다.
아무리 시험에 태연하려고 해도 짐이 안 될 수 없을 겁니다.

6학년 선생님들 수고 많았습니다. 부담임들도 수고 많았습니다.
총괄을 맡아 주신 권순호 연구부장 수고 많았습니다.
평가를 담당하고 계시는 서지영 선생님도 수고 많습니다.

오늘 사교육 절감형 시범 운영 보고회를 마치면
이제 정말 큰 산을 넘는 게 됩니다.
사교육 줄이기, 사교육비 줄이기……
우리는 우리 아이들이 사교육에 시달리는 시간을 줄이는 데
관심을 가져야합니다.
아이들이 학교 교육 정도만 받으면서
행복하게 성장하도록 하는 것이 우리들의 바람입니다.

가정에서 경제적 부담이 걱정되고 그로 인한 사회 문제가 걱정되고
그래서 사교육비 줄이기에만 관심이 가 있다면
이는 오직 어른들만의 시각입니다.

124

사교육비 줄이기가 아니라 사교육 시간 줄이기가 되어야 합니다.
사교육으로 인해 놀 시간조차 없는 우리 아이들
거기에 눈길이 가지 않는다면 이는 완전히 주객이 바뀐 것이겠지요.
문제는 '공부하는 시간 줄여 주기'입니다.

그러나 어렵습니다.
우리가 할 일은 분명합니다.
힘든 아이들에게 격려와 칭찬으로 용기를 주고
힘을 실어 주어야 한다는 것.
그래서 이 힘든 고갯길을 넘을 수 있도록 해야 한다는 것.
그 작은 실천이 컴퓨터 안 켜고 맞이하기,
방학과제 스스로 정하기, 교실에서 과제 덜 내기 혹은 안 내기입니다.

도종환 시인의 '담쟁이'라는 시가 생각납니다.

  저것은 넘을 수 없는 벽이라고 고개를 떨구고 있을 때
  담쟁이 줄기 하나는 담쟁이 잎 수천 개를 이끌고 결국 그 벽을 넘는다.

아이들은 결국 그 벽을 넘을 것이라는 기대를 가지고
열심히 교단에 설 일입니다.

오후 정보원에서 뵙겠습니다.
(2012. 6. 27)

교내 사진 콘테스트

6월 마지막 주말입니다.
주말을 지내고 오면 1학기 마지막 달이 시작됩니다.
세월이 빠르긴 하지만 성큼 자라나는 아이들을 보면
세월이 더디다는 생각이 들 때도 있습니다.
세월 흐름도 마음으로 느낍니다.

교내 사진창작대회 정말 놀랍지 않나요?
전 그 사진을 보고 또 봅니다.
어쩌면 아이들이 이렇게도 예쁠까?
이런 것을 두고 동심이라고 하는 것일까?
사진에 나타난 아이들을 두고 하는 말이 아닙니다.
사진기를 갖다 댄 우리 어린 작가들 마음을 두고 하는 말입니다.

긴 나무 의자에 코를 박고 정신없이 무엇을 쓰고 있는 두 아이를 찰칵!

예쁘게 손잡고 줄을 서서 차례를 기다리는 1학년 아이들을 찰칵!

더위 속에서 중무장을 하고 일을 하면서도
활짝 웃는 공사장 아저씨들을 찰칵!

화장실 청소 아주머니를 찰칵!

이런 것에 초점을 맞추어 사진기 렌즈를 갖다 댄
우리 어린 작가들 마음이 눈물 나도록 든든합니다.
설명이 필요 없고 말이 필요 없습니다.
그냥 거기에 사진기를 갖다 댄 그 마음입니다.

주말 잘 보내세요.
지금 산과 들에는 자귀꽃과 노란 모감주나무꽃으로 가득합니다.
캔디 향이 진한 자귀꽃은 부부 금실을 좋게 하는 나무라고 하여
'합환수'라고도 합니다.
모감주나무꽃은 장미꽃마저 지고 난 뒤
깊어가는 여름 녹음 위를 노랗게 장식하는 신비스런 나무입니다.
염주를 만드는 알이 달린다고 하여 '염주나무'라고도 합니다.
이 두 꽃이 지는 7월 말이 되면
여름의 마지막 꽃, 백일홍이라고 하는 배롱나무꽃이
백 일 동안 피어납니다.
물론 우리나라 꽃 무궁화도 이때부터 피고 지고 또 피지요.
자귀꽃과 모감주나무꽃을 말하려다
괜히 아는 척을 했습니다.

주말 잘 보내세요.
(2012. 6. 29)

7월의 아침 편지

야! 방학이다

시험 치는 날

주말 잘 보내셨나요?

7월 첫날 아침입니다.

어떤 사람은 자귀꽃이 피면

여름방학이 가까이 온다는 신호라서 반갑다고 했는데

7월은 방학이 있어 좋습니다.

방학은 옛날이고 지금이고 앞으로고,

아이고 어른이고 기다려져야 합니다.

방학마저도 짐스러워 기다리지 않게 된다면

정말 힘드는 세상이겠지요?

커갈수록 공부가 짐이 되어

성장 자체를 두려워한다면 안타깝듯이

방학도 짐이 되는 아이들이 있는 듯해서

걱정이 되어 하는 말입니다.

방학 즐겁게 보낼 계획, 미리부터 해보는 게 좋겠습니다.

아이들 방학 과제를 스스로 정할 때

잣대가 딱 두 개 있습니다.

첫째, 다른 사람이 권하는 것보다는 내가 하고 싶은 것.

둘째, 절대로 욕심 내지 말고, 양은 적게.

오늘도 많이 덥다고 하네요.

더울 때는 더워야만 농작물이 쑥쑥 자랍니다만

더운 것은 힘들지요.
아이들, 야외놀이보다는 실내에서 주로 지내겠지요?
그러자면 열린 복도를 많이 쓰게 되겠네요.
공기놀이처럼 둘러앉아서 하는 놀이를
많이 권하는 게 좋겠습니다.

아이들이나 어른들 모두가 긴장하는 시험 치는 날입니다.
초등학교에서 수, 우, 미, 양, 가 없어진 지가 오래고
통신표나 생활기록부에 점수 없어진 지가 오래고
우등상 사라진 지가 옛날입니다.
더 중요한 것은
중학교 입시가 까마득히 역사 속으로 사라졌는데도
여전히 시험은 이렇게 아이들이나 학부모들에게
무서운 존재로 남아 있습니다.
편안하게 시험을 칠 수 있도록 해주세요.

전 오늘 10시 이후부터 출장입니다.
결재는 대결로 해놓았지만,
오후에 학교에 있습니다.

오늘도 아이들과 잘 지내세요.
(2013. 7. 1)

북한 아이들과 놀고 싶어요

어제 첫째 시간에 입석초등학교 1학년들에게
'책 잘 읽는 방법'을 이야기하고 왔습니다.
4일 첫째 시간에는
성북초 1학년을 만나러 갑니다.

1층 2학년 8반 교실 옆 벽에
창의력과 상상력을 키우기 위한
화이트보드 칠판이 있는 것 알지요?
이번 주제는 이러합니다.
'날아서 북한에 간다면 어디를 가고 싶은지,
또 무엇을 보고 싶은지요?'

거기에 씌어져 있는 글 가운데
눈길이 머무는 글이 있어 소개합니다.

  '북한에 가서 무엇이 있는지 알아보고
  학교에 와서 발표할 것이다.
  그리고 신나게 놀 것이다(북한에서)'
  – 2학년 배효진, 여채연, 김민채, 김해솔

기특하기 그지없습니다.
호기심 가득한 눈으로 여기저기를 돌아보고

학교에 와서 다른 동무들에게도
이야기해 주고 싶다네요.
뿐만 아닙니다.
신나게 놀겠다고 했습니다.
괄호 안에 '북한에서'라고 써놓은 것은
북한 아이들과 신나게 놀겠다는 게지요.

우리는 아이들에게 배워야 할 게 한두 가지가 아닙니다.
그래야 하고말고요.
통일은 그렇게 해야만 당길 수 있다는 생각이 들었어요.

2학년 8반 선생님,
네 아이들 교장실로 좀 보내 주세요.
귀여운 얼굴 보고 싶습니다.

오늘도 아이들과 재미있게
남을 하루를 보내세요.
(2014. 7. 2)

컴퓨터 안 켜고 아이들 맞이하기

많이 덥습니다.
이 더위가 농작물을 쑥쑥 자라게 합니다.
그래서 싫어만 할 수 없는 게 여름 더위입니다.

5, 6학년이 빠져나간 학교는 텅 빈 것만 같습니다.
오늘 우리 학교 장사 여섯 명이
씨름 대회에 나갑니다.

아무리 생각해도 아침마다 컴퓨터 켜지 않고
아이들 맞이하는 우리 학교 선생님들 모습이
정말 자랑스럽습니다.
수치나 정량으로 잴 수는 없지만,
우리 아이들 그로 인해 등굣길이 즐거워지고
학교생활에 활력이 되고 있을 겁니다.
눈에 보이지 않아도 틀림없습니다.
다른 학교에서도 우리가 하는 이 멋진 아침 풍경을
그대로 가져가려고 합니다.
스스로 정하는 방학과제 역시
방법을 물어 오는 학교가 더러 있네요.

길은 만든 사람 것이 아니라 걷는 사람 것입니다.
함께 공유하는 것

정보를 서로 나누는 것
따라 배우기는 그래서 창조 못지않게 중요하지요.

컴퓨터 켜지 않고 아이들을 맞이하는 그 방법
누구로부터 시작이 되었는지가
중요한 것이 아니라
그것이 실천되는 현장이 중요합니다.

선생님들, 사랑합니다.
사랑으로 맞이한 아이들과
오늘도 즐겁게 보내세요.
(2012. 7. 4)

눈높이 맞추기

'주간교육'이라는 신문이 있습니다.
그 신문 6월 24일자에 이런 소식이 실렸어요.

- 국민투표로 사교육 금지하자.
- 국회 공교육 강화 공청회에서 파격 제안

"사교육을 잡겠다는 정부 정책은 한계가 있고
학부모들은 여전히 엄청난 사교육비 부담에 시달리는
이 현실을 타개하기 위해 국민투표를 통해
사교육을 전면 금지하는 특단의 조치를
검토해야 한다는 주장이 나왔다."

국민투표로 사교육을 잡자는 건
정말 놀라운 발상입니다.
그렇게 해서라도
이 무서운 사교육을 없앨 수만 있다면
덩실덩실 춤이라도 추겠습니다.

그런데 제가 이 글을 읽으면서 가슴을 친 까닭은
다른 데 있습니다.
국민투표를 해서라도 막겠다는 그 사교육
그놈이 공교육을 망치고 있고

사교육비 대느라 학부모들 허리가 휘어지기 때문이라네요.
눈을 닦고 봐도 사교육에 짓눌려
숨도 제대로 쉬지 못하고
학원을 전전하느라 골목을 잃은 지가 오래고
잠도 제대로 못 자는 우리 아이들 걱정은 어디에도 없어요.
사교육 시간을 줄여서
우리 아이들 살리자는 말은 어디에도 없어요.

며칠 전에 스파밸리에 독사가 나왔다는 소식에
스파밸리 안 보내겠다는 어머니들.
아이들을 위하는 척만 했지
그 아이들이 얼마나 실망하는지는 안중에도 없었어요.
아이들과 눈높이 맞춘다는 말은
결코 물리적인 눈높이를 가리키는 게 아닙니다.

그 글을 읽으면서 화가 나서
이렇게 오후에 긴 글을 보냅니다.
주말 잘 보내십시오.
(2013. 7. 5)

벽화에 쓸 시

주말 잘 보내셨나요?
담장 공사가 지난 토요일부터 시작되었습니다.
조금 시끄러울 수도 있습니다.
아이들이 공사하는 곳으로
가까이 가지 않도록 해야겠지요?

2, 3, 4층 연결 복도에는
벽화가 빠르게 그려지고 있습니다.
기획하는 이지은 선생님, 그리고 앞서서 이끌어 주시는
방과 후 김선영 강사님 수고 많습니다.
무엇보다 고마운 분들은
재능기부를 하시는 학부모님들입니다.
밤중에도 와서 그리고,
식구들이 함께 와서 그리기도 합니다.
새벽 4시까지 그리다가 간 분도 있습니다.
세상은 이렇듯 보이지 않는 곳에서
많은 분들이 함께 만들어 가기에
더욱 아름다운 것이겠지요?

벽화 한 부분에 다음과 같은 시를 써놓을까 싶어요.
한번 읽어 보세요.

딱지 따먹기

　－ 4년 강원식

딱지 따먹기 할 때
딴 아이가
내 것을 치려고 할 때
가슴이 조마조마한다.
딱지가 홀딱 넘어갈 때
나는 내가 넘어가는 것 같다.

청개구리

　－ 3년 백석현

청개구리가 나무에 앉아서 운다.
내가 큰 돌로 나무를 때리니
뒷다리 두 개를 펴고 발발 떨었다.
얼마나 아파서 저럴까?
나는 죄가 될까 봐
하늘 보고 절을 하였다.

민들레

　－ 서정홍

우리 집 앞
시멘트 틈 사이
민들레 한 포기
쇳덩어리도 아니고
돌덩어리도 아닌데

승용차가 지나가도
죽지 않고
짐차가 지나가도
죽지 않고

앞 세 작품은 아이들 시이고
마지막 하나는 어른이 쓴 동시입니다.
어느 것을 하나 고를까 망설이고 있습니다.
어느 것이 좋겠습니까?

오늘도 아이들과 즐겁게 보내세요.
(2013. 7. 8)

139

태풍 너구리

태풍 너구리란 놈이 올라오고 있다지요.
이번 주 안에 한반도로 올 것이라고 하네요.
귀엽기만 한 너구리니까
귀엽게 지나갔으면 좋겠습니다.

태풍!
전 태풍이 올 때마다 엉뚱한 생각을 합니다.
그 어마어마한 에너지를 우리가 쓸 수는 없을까 하고.
전 사실 이 지구가 나날이 오염되고
환경이 파괴되는 게 걱정이지
에너지 고갈 문제는 언젠가는 해결이 될 것이라는
낙관을 혼자서 하곤 해요.
무한정으로 생산되어
늘 우리 곁으로 오고 있는 태양 에너지를
우리 사람들이 그대로 내버려두지 않을 것이라는
믿음 때문입니다.

그런데도 그게 아니네요.
유전자를 조작하고 똑같은 생명체를 만드는 등
신의 영역까지 침범하는 듯한 과학 발달이
어찌하여 내 곁에 날마다 쏟아지는
그 흔한 태양 에너지를 붙잡지 못하고

인류를 멸망시킬지도 모르는
핵에너지에 매달리게 하고 있을까요?

너구리 태풍 소식을 전하다가
이야기가 완전히 삼천포로 빠졌습니다.

얼마 전에 페이스북에서
서울에 사는 62세 김 아무개라는 분이 인류 최초로
연료 없이 에너지를 만들어 내는
무한 에너지 생산 시스템을 발명했다는
소식을 읽었습니다.

오늘도 아이들과
방학 이야기 하면서 재미있게 보내세요.
(2014. 7. 8)

교장선생님 바꿔 주세요

본관 서쪽 현관 앞에 있는 음지식물원을
한 번씩 보고 들어가세요.
신선한 느낌과 함께
맑은 에너지를 받을 수 있을 겁니다.

"화장실 바꿔 주세요."
소통 칠판에 이렇게 씌어져 있네요.
'바꿔 주세요.'라는 글을 읽는 순간
소통 칠판 초창기에
"우리 교실을 도서관 가까이로 바꿔 주세요."라는
1학년 아이 글이 떠올라 혼자 씩 웃었습니다.
1층에 있으니 도서관 다니기 불편하다는
1학년 요구가 예쁘기 그지없었습니다.
그렇지만 들어줄 수 없는 요구이기에
"그건 곤란합니다. 다른 학년이 1층으로 내려와야 하니까요."
이렇게 답변을 썼더니
그 아이가 대뜸 이렇게 댓글을 달았어요.
"그래도 바꿔 주세요."
사정이 그래도 바꿔 달라고 떼를 쓰는 겁니다.
내가 또 댓글을 달았지요.
"안 됩니다."
그랬더니 그 아이가 또 댓글을 달았어요.

"교장선생님 바꿔 주세요."

위 내용과 연결하지 말고
다음 글을 다시 읽어 보세요.
"교장선생님 바꿔 주세요."
교실을 바꿔 달라고 떼쓰는 게 아니라
교장을 바꿔 달라는 요구가 아닙니까?
너무나 우스워서 혼자 웃고 또 웃었던 기억이 납니다.

오늘 아침 화장실 바꿔 달라는 글을 읽으면서
잠시 타임머신 타고 행복한 여행을 했네요.

오늘도 아이들과 재미있게 보내세요.
(2014. 7. 10)

물장난하는 선생님들

수련활동 중에 찍은 동영상을
김명화 선생님이 보내 주어 잘 봤습니다.
노동균 선생님이 악동이 되었군요.
물만큼이나 상큼하고 맑디맑은 그림입니다.

자연 속에서는
근엄하던 교감 선생님도 아이가 되고
아이들 앞에서
늘 선생님의 자리를 지키시던 모든 선생님들이
소년 소녀가 되고 철부지가 되는군요.
그게 자연의 힘이고
그게 일상을 떠난 사람 특권입니다.
정말 유쾌하게 봤습니다.

어른들이 이러했을진대
우리 5학년 아이들 얼마나 신났을까요?
그 신명 그 에너지 지금도 학교에 가득합니다.

장마 틈새 햇볕이 따갑습니다.
이런 햇볕을 두고
스님 모친이 울고 간다고 표현하지요.

맨들맨들한 스님 까까머리가 벗겨질 정도로
강렬한 햇빛이라는 말이지요.

오늘도 아이들과 많이 웃으세요.
(2012. 7. 12)

농사를 지어 봐야 가뭄을 압니다

마른장마라고 하지요.
날마다 비는 오는 듯한데 갈증은 여전해요.

농사를 지어 보지 않으면
가뭄을 몸으로 느끼지 못합니다.
아무리 가물어도 우리 곁에는 먹을 물이 있고
씻을 물이 있습니다.
아무리 가물어도 시장에 가면
싱싱한 농산물이 넘쳐나니까요.

체감이라는 것은 언제나 체험과 함께합니다.
아이들 곁에 다가가면 다가갈수록
아이들은 많은 이야기를 주고 많은 감동을 줍니다.
바라보기만 해서는 보이지 않던 것도
들어가 보면 더 많은 것이 보이지요.
'바라보기'와 '들어가기'에는 엄청난 차이가 있습니다.

소통 칠판에
"여름방학 줄여 주세요. 친구들이 보고 싶어요."
라는 글이 적혀 있네요.
생각 밖의 이 요구사항을 어떻게 생각하나요?
학교는 공부만 하는 곳이 아니라

동무들과 함께하는 즐거움이 더 큰 곳입니다.
아이들 삶에서 중심축은 '공부'가 아니라 '놀이'입니다.

오늘도 많이 바쁘네요.
토론방송 마지막 날이고 투표일입니다.
시청각실에서는
학습벨트 단위로 유치원 학부모 역량개발 연수가 있어요.
저녁 7시에는 아버지모임이 주관하는
교육 토론회가 있습니다.
사회자도, 주관자도, 토론 패널도, 모두가 학부모입니다.
우리 학교에서 우리 학부모들이 하는 교육 토론인 만큼
시간이 되면 청중으로 참여해 봅시다.
참여하실 선생님은 초과근무 신청해서 하세요.

오늘도 아이들과 재미있게 보내세요.
(2014. 7. 16)

물머리

초복입니다.
정말 더위 속으로 깊이 들어왔습니다.
태풍과 함께 비가 많이 온다고 하니 걱정입니다.
아무쪼록 피해를 덜 입히고 지나갔으면 하는 바람입니다.
선생님들도 대비 잘하시고, 아이들에게도 조심시켜 주세요.

제가 어릴 적 우리 할아버지는
여름 큰비를 대비해서 늘 이렇게 말씀하셨어요.
"여름비에는 물머리가 있단다.
물머리를 만나면 항우장사도 못 견디지.
그러니 비 오는 날에는 아예 작은 도랑도 건널 생각을 말아라."
전 지금도 비가 많이 오는 날 개울을 건널 때는
개울 위를 한 번 쳐다본 뒤에 건너는 버릇이 있습니다.
물머리가 뭔지는 모르지만
혹시나 물머리가 몰려오나 싶어서입니다.
비 오는 날 개울을 조심하는 버릇이 몸에 밴 것이지요.
그게 바로 생명 교육이었습니다.
자기 목숨을 지키게 하는 것보다 더 훌륭한 가정교육이 어디 있겠어요.

교육이란 자기 앞가림 하게 하는 겁니다.
혼자 설 수 있는 방법과 이 세상을 함께 살아가는 지혜를
터득하는 게 교육이겠지요.

오늘 아침에도 많은 아이들이 책을 잘 읽고 있었습니다.
간혹 지각하는 아이들, 심부름 다니는 아이들,
0교시 컴퓨터 공부 마치고 오는 아이들로
복도가 조금 소란스러운 흠은 있었지만요,

아침 독서 시간에 책을
조용히 잘 읽도록 하는 것도 좋지만
더 중요한 것은 아이들이 그 시간을 기다리게 하는 겁니다.
그렇게 되면 정말 좋겠지요.
아이들이 말을 잘 안 들으면
"너희들 자꾸 이러면 아침 독서 시간 없애 버린다."
이렇게 엄포 수단으로 쓸 수 있을 정도로.

내일은 학부모 연수일입니다.
학교 공교육을 제대로 알릴 수 있는 자리입니다.
알림장이나 말로 많이 오실 수 있도록 안내해 주세요.

글이 쓸데없이 길어졌습니다.
오늘 전 오후에 가까운 왜관에 있는
칠곡교육청에 글쓰기 강의 갑니다.
오늘도 아이들과 잘 지내세요.
(2012. 7. 18)

교장선생님, 꾸중 더 해주세요

커다란 부채를 들고 설렁설렁하니까
노인이 된 기분이기도 하지만
부채란 놈은 남을 시원하게 해줄 수 있는
인정의 바람을 낼 수 있어서 좋기도 해요.
오늘 아침에 공원에서
마구 뛰어 내려온 아이 둘을 불러 세워
부채질을 설렁설렁 해주면서
도로로 뛰어 달려들면 위험하다는 이야기를 하고는
들어가라고 했더니 이러는 게 아니겠어요.
"교장선생님, 꾸중 더 해주세요."
부채 바람 더 쐬고 싶다는 말이지요.

23일 저녁 6시부터 우리 학교 운동장에서
아버지와 아이들이 참여하는
1박 2일 '아버지와 함께하는 캠프'를 한다네요.
학부모회실에서 신청을 받는다고
홈페이지 학부모 마당과 다음 카페에 떴어요.
순전히 아버지들이 주최하는 자율 행사입니다.
물론 참가 자격은
우리 학교 아버지라야 합니다.
우리 담임들이 안내나 홍보를 할 필요도 없어요.

그냥 그런 행사가 있다는 걸
아시라고 이렇게 알립니다.
내용도 바람직한 기획이지만
자율로 하는 모습이 정말 보기 좋습니다.

아이들과 아쉬운 헤어짐을 눈앞에 둔 오늘도
아이들과 행복하게 보내세요.
(2011. 7. 19)

교과서를 신랄하게 비판한 아이들

많이 바쁜데도 어제 제 이야기를 끝까지 들어 주어
아주 많이 고맙습니다.

어제 이야기 가운데 꼭 말씀드리고 싶었는데
빠뜨린 게 몇 가지 있습니다.
그 가운데 한 가지만 여기에서 더하기 합니다.

86년 4월 30일, 우리 반 학급문집 '살아 있는 교실 10호'에
교과서에 실린 글 두 편을 비평한 아이들의 글을 실었습니다.
그 두 편 시 가운데 한 편은 전문을 밝히면 이러합니다.

새 얼굴

아기가 들어와
아침 하늘을
얼굴로 연다.

아기는
울고 나도 새 얼굴
먹고 나도 새 얼굴
자고 나도 새 얼굴

하늘에서
금방 내려온
새 얼굴

이 시를 배우고 나서 아이들이 입이 벌겋게 비판을 하고 나섰습니다.

"생활이 없는 꾸며 쓴 시다."
"아이를 가지고 노는 어른들의 일방적인 글이다."
"교과서에는 아이들의 시가 실려야 한다."
"이런 시는 우리들에게 시를 못 쓰게 하고 주눅 들게 한다."

이 문집을 본 신문사에서
'초등학생들이 교과서 동시 비판'이라는 머리글로
전면에 크게 실었어요.
그때만 해도 교과서는 신성불가침이었지요.
그런데 초등학생들이 막 대놓고 비판을 한 겁니다.
그게 신문에 대문짝만 하게 나고…….
그러다 보니 여기저기서 반향이 있었습니다.
"기특하다."
"제대로 공부하고 있다."
"건전한 비판의식이다."
교육이란 따지고 보면

건전한 비판력을 갖게 하는 것이라고 봅니다.

그 아이들이 또 학급 문집에서
"교장선생님이 운동장 조회 시간 때 너무 길게 이야기를 해서
앞에 들은 이야기도 다 까먹게 된다."
"교장선생님은 참 좋은데, 훈화가 길어서 조회 시간이 싫어진다."
이런 글을 실었더니, 글쎄 어떤 일이 있었는지 아세요?
그 문집이 나가고 난 첫 운동장 조회 때였어요.
"우리 학교 어린이들, 부모님 일 잘 도와주고 있어
크게 칭찬합니다. 앞으로도 일 많이 도와주세요. 끝!"
세상에!
1분도 채 걸리지 않았어요.
우리 6학년 아이들과 교장선생님은 서로 마주 보며 뜻있는 웃음을 지었고
다른 학년 아이들은 놀랐지요.
아이들 말을 귀담아 듣고 당장 실천하신 그 교장선생님이
직원들 부모님 제삿날까지 챙겨 주신다고 했던
그 교장선생님입니다.
학교에 우산을 준비해 두고 마음대로 쓰게 했던 분입니다.

오늘 아침 국어 어휘력 검사 있지요?
선생님들 감독하시느라 수고 많겠습니다.

오늘 오후 3시 30분부터는 학폭위가 열립니다.
늘 형식으로 의례로 열리던 학폭위가
이번에는 사안이 있어서 결정이 내려집니다.
제가 우리 학교는 학폭위 한 번 안 열렸다고
동네방네 자랑을 했는데,
결국 이렇게 열리네요.
그것도 이어서 두 번이나 열리게 됩니다.
야구 경기에서 노히트노런이라든가 퍼펙트게임이라든가 하는
대기록이 9회 말에 깨어지는 걸 많이 봅니다.
역시 큰 기록은 어렵습니다.

이때까지 제 못난 글을 읽어 주셔서 고맙습니다.
글을 받아들이고 느끼는 것은
쓰는 사람이 아니라 읽는 사람의 몫입니다.
조금이라도 참고가 되었다면 보람으로 알겠습니다.

오늘 오후에 정보원에 출장 갑니다.
2시쯤에 갑니다.

오늘도 아이들과 재미있게 보내세요.
(2014. 7. 23)

8월의 아침 편지

혼자서도 잘 커요

방학 잘 보내고 있나요?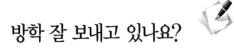

오늘도 푹푹 찝니다.
우리 대구는 가뭄도 아주 심합니다.
그렇지만 우리 목숨 줄인 벼들은 얼씨구나 하고
풍만한 이삭을 만들고 있습니다.

오랜만에 학교에 나오신 분들도 있고
학기 때처럼 자주 학교에 나오신 분들도 있지요.
전 지난 16일 휴가를 내어서
나흘을 쭉 쉬다가 왔습니다.

그 나흘 동안 교대를 졸업하고
이때까지 40년 쭈욱 이어져 온
고향 같은 모임도 가졌고
40년 전에 졸업한 제자들의 모임에 참석하여
'50대 제대로 살아가기'라는 특강도 하고 왔습니다.
두 모임에 참석하여 다시 한 번 느낀 것이
'만남은 하늘의 뜻이지만 관계는 우리들의 몫이다.'
라는 것이었습니다.

초등학교 6학년 때 처음 만난 이후 40년.
제자들에게는 한평생이고,
저에게는 전 교직 생활이었습니다.

그 긴 기간을 우리들은
스승과 제자라는 관계를 만들어 왔고
그들은 서로 둘도 없는 고향친구 관계를 만들어 오더라고요.
그 결과 이 세상 어디에도 없는
소중한 관계를 만들어 놓았어요.
사람과 사람 사이는 만남이라는 인연으로 출발하여
서로가 만들어 놓은 관계로 그 깊이가 결정되더라고요.

해마다 아이들을 바꾸어 가며 만남을 거듭하는 우리들은
그 만남의 바탕 위에 아름다운 관계를 만들어 가는 데도
소홀하지 않아야 하겠구나 싶습니다.

아이들과의 만남은 학기 중에 이루어지지만
관계는 방학 중에 깊이를 더해 간다는 게.
제가 이번에 다시 깨달은 겁니다.

오늘 시청각실에서 까르르 웃으시는 선생님들 모습 뵈어서
참 좋습니다.
남은 방학 잘 보내십시오.
(2013. 8. 19)

개학, 반갑습니다

많이 시원해졌지요?
개학을 늦춘 것이 아주 잘되었다 싶습니다.
시원한 가운데 아이들을 맞이하고
시원한 가운데 2학기를 시작할 수 있어서 말입니다.

방학이라지만 학교는 도서관을 비롯해서
방과 후 학교, 스포츠 활동 등등
쉴 없이 분주했습니다.

그 덥던 여름방학 잘 보내고 방학 과제를 들고 오는
아이들 하나하나도 반갑고
나름대로 실천한 과제도 대견하고
그래서 더욱 반가운 개학날 아침입니다.
아이들 과제 귀하게 여겨 잘 전시합시다.

아이들이 뛰놀 운동장이 없어서 걱정입니다.
열린 복도를 운동장으로 내놓을 수밖에 없습니다.
그리고 조금 멀고 불편하더라도
학교 앞뒤로 있는 공원을 이용합시다.
그리고 두 개 강당도 많이 이용하고요.
아무래도 9월 한 달 동안은
운동장 없이 살아야 할 것 같습니다.

방학 동안에 공사 속도를 낸다고 했는데도 이 정도입니다.
남은 공사 서두르겠습니다.

2학기 힘차게 시작합시다.
방학 잘 보내고 오신 동평 식구들,
다시 한 번 반갑습니다.
(2013. 8. 26)

교장선생님도 부끄러웠단다

지난 주말에는
글쓰기, 우리말 살려 쓰기, 어린이 문학에 평생을 바치신
이오덕 선생님 10주기 행사에 참가했습니다.
우리 아이들이 평화로운 세상에서 마음껏 뛰놀면서
잘 자라기를 기원하는 많은 사람들이 모여서 추모를 하였습니다.

교실마다 문을 활짝 열고 수업을 하는 것을 보니
마음이 놓입니다.
더위가 한풀 꺾였다는 증거이니까요.

어제 식당에서 1학년 여자아이가 이렇게 물었어요.
"교장선생님, 텔레비전에서 말할 때 안 부끄러워요?"
개학식 때 방송한 것을 보고 하는 말입니다.
"전에는 부끄러웠는데, 이젠 안 부끄러워."
이렇게 대답해 주었지요.
시끄러운 식당이라서
표정을 주고받으면서 조곤조곤 이야기할 수는 없었어요.
그 아이는 평소 발표를 하거나 남 앞에 나설 때
부끄러움을 많이 타는 모양입니다.
그렇지만 굉장히 내성적이지는 않아요.
궁금한 것을 교장에게 직접 물어 볼 정도이니까요.
전 그 아이 말을 들으면서

남 앞에 나설 때
망설이거나 부끄러워하는 아이가 많을 것이라는
생각을 했어요.
그래서 생각 같아서는 모든 아이들에게
"처음에는 부끄러웠지만, 용기를 내어 나서기 시작하니
익숙해지고 괜찮아지더라."
라고 말해 주고 싶어요.

교실에서 혹 발표를 잘 못하고
칠판 앞에 나서기를 무서워하는 아이에게
이렇게 말씀해 주셔도 좋겠다 싶어요.
"훈화 말씀을 부끄럼 없이 잘하는 교장선생님도
처음에는 부끄럼쟁이였고 졸장부였대."

내 경험을 내 삶의 양식으로 쓰는 것은 물론 좋지만
남의 경험을 내 삶의 양식으로 가져오는 것은
더욱더 좋은 일입니다.
그것도 실패담은 더 많은 보약이 되지요.

오늘도 아이들과 재미있게 보내세요.
(2013. 8. 27)

방학과제물 전시

운동장이 공사로 많이도 불편하지만
아이들은 잘 참아 주고 있습니다.
선생님들이 잘 지도해 주신 덕분입니다.
이제 공사 진도가 70퍼센트를 넘겼습니다.

열린 복도와 교실 뒤편에 전시된 아이들 방학과제물을 보니
참으로 놀랍습니다.
그 더운 여름에도 저런 결과물을 만들어 내다니
생각할수록 대견하기 그지없네요.
다 다른 아이들이
다 다른 과제를 해왔으니
모두가 상을 받아야 합니다.
상은 담임선생님이 인정해 주시고,
여러 아이들 앞에서 발표할 기회를 주는 것
그것이 최고입니다.
아이들 많이 격려해 주세요.

그리고 아이들이 시간을 내어
자기 학반과 자기 학년은 물론
다른 학년들이 한 과제도
살펴보도록 기회를 주면 좋겠습니다.
학반에서 함께 견학을 하셔도 좋고

개별로 돌아보라고 권장하셔도 좋겠지요.
"다른 동무들은 어떻게 했을까? 동생들은? 언니들은?"
자기를 뒤돌아볼 기회도 되고
다음에는 더 잘해야겠다는 생각도 해보게 되겠지요.

가능하면 자기 작품을 여러 사람이 볼 수 있도록
교실 밖에 전시하는 게 좋겠다 싶어요.
저는 보고 또 보고 그럽니다.
일일이 다 살펴보지 못하는 것이 아까울 따름입니다.

내일 저녁에는 우리 학교 교육을 학부모들에게
설명하는 날입니다.
많은 학부모들이 오셔서
함께 교육을 일궈 나가는 기회가 되었으면 좋겠습니다.
아이들에게 적극으로 권해 주세요.

오늘도 아이들과 즐겁게 보내세요.
(2013. 8. 29)

교장선생님은 맨날 똑같은 옷만 입나요?

개학 뒤 첫 주말입니다.
날씨가 아주 좋습니다.
아침저녁으로는 서늘하다가 한낮 햇살은 따갑기 그지없고
그러다가 가끔 이렇게 비도 내려 주고······.
아직은 한낮이 따가워야 곡식과 과일이 제대로 익습니다.

8월이 끝났네요.
이제 9월!
저는 9월부터는 하루하루가 마지막입니다.
42년 전 처음 교단에 서던 때가 생생하게 떠오릅니다.
약간은 짠하기는 해요.
그렇지만 그게 세월인데요.

오늘을 끝으로
한 학기 동안 우리 학교에서 예쁜 모습 많이 보여 주던
영어교과 조시연 선생님이
9월 1일자로 동부에 있는 동성초등학교로 첫 부임을 합니다.
첫발을 내딛는 우리의 예쁜 후배에게 축하를 보내 줍시다.

그리고 6개월 동안 파견 가서 열심히 영어 공부를 했던
곽성숙 선생님이 복귀합니다.
반갑게 맞이합시다.

어제 2학년 어떤 아이가 저를 보고 이러데요.
"교장선생님은 맨날 왜 그 옷만 입어요?"
정확한 지적이라서 깜짝 놀랐어요.
어째 그놈이 내 옷 입는 것까지 기억하고 있을까?

집에 가서 그 말을 했더니
그런 소리 듣고도 남을 것이라고 그러네요.
그러고 보니 어른에게도
이런 이야기를 들은 적이 있어요.
언젠가 수성초등학교에 강의를 갔는데
그 학교 교감선생님이 이러더라고요.
"교장선생님과 옛날에 영어 120시간 연수 같이 받았는데
연수 기간 내내 까만 가죽잠바만 입고 다녔어요."
하하하!
참으로 멋없는 사람이란 것을
아이고 어른이고 증명해 주네요.

오늘도 아이들과 하루 종일 재미있게 지내세요.
(2013. 8. 30)

잘 계십시오

꼭 이맘때면 하는 말이 있어요.
"방학 다시 해야겠네."
개학한 어제와 그리고 오늘 참 많이 덥네요.

우리 학교 아이들은 끝까지
저에게 감동을 줍니다.
어제 교문에서 1학년 민서가 쑥 내민 편지
"이 편지를 쓰니까 어깨가 축 처져요."
그 말에 울컥했습니다.
교문에서부터 눈시울을 붉게 하더니만
많은 아이들이 제 발목을 잡네요.

교장실에 일부러 찾아와서
아무 말 하지 않고 울고만 간 아이,
어른처럼 울음을 목구멍으로 삼키는 아이,
눈 맞추지 않고 딴전 피우면서
결국 한 방울 눈물을 흘리고 마는 아이……

울고 싶을 때 우는 아이,
재미있으면 하하 웃을 줄 아는 아이,
화가 나면 따질 줄도 아는 아이,
슬프면 슬프다고 말하는 아이……

그 아이들을 보면서 저는 혼잣말로 중얼거렸습니다.
"이 아이들을 두고 갈 수는 있을까?"
그러다가 스스로 최면을 걸었습니다.
"거기에도 아이들이 있어.
이곳보다 더 많은 아이들이 기다리고 있어."

우리 학교 아이들 반듯합니다.
돌아가신 우리 어머니가 나에게 늘 하시던 말씀처럼
"크게 될 아이들이니까 잘 키우세요."

오늘도 아이들과 행복한 날 보내세요.
(2011. 8. 30)

여아 성폭력 소식을 접하면서

8월 마지막 날입니다.
가을 기운이 온 누리에 가득합니다.
풀벌레 소리 역시 온 들판에 가득합니다.

운동장 가득한 아이들 목소리에서도
계절을 느낄 수 있습니다.

교육빈곤층(에듀 푸어)이 전국적으로 82만 가구가 된다는
보도가 우리를 우울하게 합니다.
초등학교를 육성회비 내고 다니던 때
못 입고 못 먹고 학교에 다녀도 행복했지요.

선생님들은 공부를 마치고 집으로 가는 아이에게
잘 가라고 손 흔들어 보냈어요.
지금은 선생님들이 퇴근을 해도
아이들은 학교에 남아서 방과 후 공부를 합니다.
복도가 컴컴해질 때까지 남아서 공부를 합니다.
미래를 위해서라고 하면서 지금 저렇게 힘들게 공부를 시킵니다.
방과 후 영어 교실이 그렇습니다.
아이들을 힘들게 하는 게 공부뿐만 아닙니다.
7세 어린아이가 성폭행을 당했다는 뉴스를 들으니
가슴이 먹먹해집니다.

공부를 잘하는 아이든,
돈이 많은 집에서 태어난 아이든
아이들은 사회적 약자입니다.
우리 어른들이 보호는커녕
제대로 자라지 못하게 온갖 짓을 저지르고 있습니다.
힘들다고, 못 살겠다고, 살려 달라고 몸부림이라도 치면
그것도 못 견디냐며,
문제아라고 벌줄 생각부터 합니다.

이렇게 힘들게 자라는 아이들을
우리는 가까이서 보고 있습니다.
10대를 잘 견뎌 바르게 성장하자고
용기를 주고, 힘이 되어 주고, 언덕이 되어 주어야겠지요.
마음뿐만 아니라 말로 행동으로 응원해 주고 도와줍시다.

우리는 이 세상에 꽃으로 왔습니다.
남자든 여자든 어린이든 노인이든 꽃으로 온 것이지요.
그런데 평화로워야 꽃이 핍니다.
틱낫한 스님이 한 말씀입니다.

선생님들, 힘을 냅시다.
(2012. 8. 31)

상원에서 마지막 메시지

교무부장이 '마지막'이라는 말을 여기저기 붙이면서
아쉬운 마음을 나타냈지요.
정말 제가 마지막 메시지를 보냅니다.

현관 앞을 정글로 만들어 놓은 토란.
그 무성한 토란의 앙증맞은 꽃을 보셨나요?
수백 년 만에 필까 말까 하다는 토란꽃이 작년에 이어
올해에도 많이 피었어요.
좋은 징조임에 틀림없습니다.

진정한 만남이란 얼굴만 마주 보는 게 아니라
마음과 마음이 통하고
에너지와 에너지가 화학반응을 하는 것이라고 하데요.

어제 저녁에는 우리 학부모님들이
작별 시간을 마련했어요.
많은 분이 모이셨어요.
어떤 부부는 어린아이를 데리고 힘들게 나와서
그냥 울다가 가시기도 했어요.
만남을 소중하게 생각하는 게
우리 삶의 바탕이라는 생각을 하게 한 시간이었습니다.

사람의 감정은 쉽고 간단하게 전염이 되지요.
삶이 즐겁고 행복한 사람이
반경 1.6킬로미터 안에 있을 때
내가 행복감을 느낄 수 있는 확률이
25퍼센트나 높아진다는 이야기를
어디에서 읽은 적이 있습니다.

제가 이 학교에서 행복할 수 있었던 것은
행복한 선생님들, 행복한 학부모님들이 계시고
행복한 가운데 아이들이 바르게 자라는 모습을
늘 볼 수 있었기 때문입니다.

언제까지 잊지 못할 겁니다.
늘 건강하시고 아이들과 함께 행복하세요.
안녕히 계십시오.
(2011. 8. 31)

9월의 아침 편지

가을은 교실로 먼저 와요

동평에서 첫날

이렇게 큰 학교의 아침이
이렇게 질서 있게,
이렇게 차분하게
진행되고 있다는 게 놀라운 일입니다.
역시 듣던 대로 동평이네요.
어리둥절한 사람은 저 혼자뿐인 듯해요.

만남은 하늘의 뜻이지만
관계는 우리의 몫이라고 하지요.
좋은 관계 만들어 가기 위해
많이많이 노력할게요.
많이 도와주세요.

짧은 시간이지만 만나 본 선생님들과 아이들
표정이 너무 밝습니다.

아침부터 참 행복합니다.
오늘도 아이들과 많이 행복하세요.
(2011. 9. 1)

아름다운 우리 학교

많이 선선하지요? 더위 많이 타는 제가 글쎄 긴팔 윗옷을 입고 왔습니다.
이 세상의 대장은 뭐니 뭐니 해도 시간이고 세월입니다.
학교가 아름답습니다.
교문에 들어서면 크고 작은 화분에서 지난여름을 즐기듯이
쑥쑥 자란 토란들이 밀림을 만들어 첫 발길을 시원하게 해줍니다.

중앙현관 들머리 양쪽에 서 있는 대형 바나나 나무는
지난겨울 죽을 고비를 넘기고도 튼튼하게 뿌리를 박고
보초병처럼 멋들어지게 서 있습니다.
그 사이로 씩씩하게 걸어 들어오니 당당한 주인공 발걸음이 됩니다.
'내가 대장이다.' 하면서 걸어도 좋아요.
중앙현관 양쪽에는 올해 이사 온 줄단풍이 힘차게 줄기를 뻗어
해가림막 지붕 안쪽을 설설 기어 다니네요. 힘찬 기운을 느낍니다.
아치형 덩굴식물 시설에는 제비콩이 예쁜 보라색 꽃을 피우며
시원한 녹색 굴을 만들었네요.
운동장 공사로 놀 공간이 없는 아이들에게
답답함을 조금이라도 누그러뜨려 주는 효과가 있어 좋아요.
아파트 숲속에 폭 빠져 있는 학교, 과밀 학급, 다인수 학교……
좁은 공간이지만 아름다운 자연이 어느 정도 함께해서 좋습니다.
암초는 배를 망가뜨리지만 그 위에 등대를 세우면 반가운 이정표가 되듯이
좁은 공간도 공을 들이니까 제법 푸른 세상이 되었네요.
오늘도 아이들과 즐거운 하루 보내세요.

(2013. 9. 4)

고맙고 고맙습니다

새벽 5시경 정말 비가 억수같이 내렸습니다.
이제 곧 개일 거라고 했습니다.

어제 점심시간의 학교 모습을 잠깐 그려 보겠습니다.

먼저, 운동장에는
서둘러 점심을 먹은 아이들이 가을 야구에 신났습니다.
다음은 도서관.
6학년 어느 반 아이들이 몽땅 왔더군요.
많은 아이들로 붐볐어요.
자동문이 아예 열려 있더라고요.
다음은 영어체험실.
영어 뮤지컬 동아리들이
정말 재미있게 연습을 하고 있네요.
바로 옆 시청각실에는
우리 학교 합창단의 연습 열기와
이지은 선생님의 에너지가 넘쳤고요.
작은 강당에서는
공사 중이라 에어컨이 가동되지 않는 찜통 속에서도
백종훈 선생님과 아이들이
악보로 부채질하면서도 국악 연습에 한창이었어요.

바로 곁에서는 '마음도 몸도 우리는 하나'
김성유 선생님 지도 아래 긴 줄넘기가 한창이었고요.

고맙고 고맙지요.
모두가 자기 자리에서 제 몫을 다하면서
열심히 활동하는 아이들이 고마웠고
아이들 곁에서 아이들과 함께하는 선생님들이 고마웠습니다.
혼자 이렇게 중얼거리며 계단을 내려왔습니다.
"고맙습니다." "사랑합니다."

고맙다는 생각을 하다 보니까 이 아이가 불현 듯 떠오르네요.
"제가 이미 저지른 잘못은 어쩔 수 없다 하더라도
앞으로는 절대로 그러지 않을 것을 책임 있게 말하겠습니다."
1학기 때 6학년 한 아이가 교장실에 와서
잘못을 반성한다면서 한 말입니다.
그 뒤 그 아이가 반듯하게 생활하는 모습을 자주 봅니다.
그래서 그 아이가 고맙고 고맙습니다.

전 오늘 남대구초등학교 학부모 역량개발 강의하러 갑니다.
점심시간까지 돌아오겠습니다.
오늘도 아이들 이름을 불러 주면서 행복하게 보내세요.
(2012. 9. 5)

교장이 하는 일

상쾌한 아침입니다.
낮은 따갑고 아침저녁은 서늘해 일교차가 심합니다.
이는 과일과 곡식을 잘 익게 하기 위한 자연 이치입니다.
사람도 자연 일부인지라
이런 날씨에 잘 적응하게 되어 있지만
워낙 인공으로 더위와 추위를 피해 온 터라
환절기에 건강 균형을 잃을 수도 있으니 늘 조심해야겠지요.

어젠 3학년 여자아이 두 명이 교장실에 와서
한참 이야기를 하다 갔어요.
"교장선생님은 학교에서 뭘 하세요?"
3학년 아이의 갑작스러운 이 물음에
내가 하는 일을 적절하게 설명하기 쉽지 않았어요.
"선생님들을 도와주고,
너희들 공부하는 모습도 살펴보고……."
그랬더니 한 아이가 교장실 여기저기를 두리번거리며
이러는 게 아니겠어요.
"우리 공부하는 걸 감시하는 것 어디 있어요?"
살핀다는 말이 감시한다는 것으로 들렸던 모양이네요.
그래서 감시하는 CCTV를 찾은 겁니다.
'선생님들을 도와주고……'
이 말도 다시금 생각하게 했어요.

정말 내가 선생님에게 무얼 도와드리는가?
'감시'가 내 일이라고는 한 번도 생각해 보지 않았지만
그 아이들 말처럼 선생님들께
그렇게 비치지는 않았을까?
정신이 번쩍 들더라고요.

제가 있어 선생님들이나 아이들에게
작은 도움이라도 되었으면 좋겠습니다.

다산 정약용 선생은
"백성을 편하게 할 정책이 무엇인가 알고 싶거든
마땅히 농부(백성)에게 묻는 것이 으뜸이다."라고 했다는데
아이들 눈에도 제대로 된
교장이 되어야겠습니다.
오늘도 아이들과 잘 지내세요.
(2013. 9. 5)

박쥐놀이

주말 잘 보내셨지요?
오늘은 조금 덥네요.

사진 한 장 붙여서 보냅니다.
지난주 점심시간에 강당 연결 복도에서 찍었습니다.
공사로 운동장을 잃은 아이들이
점심시간을 이렇게 보내고 있어요.
무슨 놀이냐고 물었더니 '박쥐놀이'라고 하네요.

박쥐놀이! 딱 어울리는 이름입니다.
이건 교과서에도 없습니다.
그렇다고 누가 가르쳐 준 것도 아닙니다.
운동장에 나갈 수 없으니
그냥 또래들과 연결 복도에서 놀다가
거기에 적당한 쇠막대 봉이 있어
즉석에서 생각해 낸 놀이임이 분명합니다.

이 얼마나 창의적입니까!
아이들은 시간과 공간만 있으면
이렇게 놀이를 만들어 놉니다.
천재이지요.

팔 힘을 기르고자 하는 목적을 가지고 매달린 게 아닙니다.
또래끼리 사회성을 키우고자 시작한 놀이도 아닙니다.
그냥 재미있으니까 해본 놀이입니다.
그렇지만 이러한 놀이에서 아이들은 엄청난 성장을 합니다.
우리가 중력을 몰라도
넘어지지 않고 걸어 다니듯이 말입니다.
우리가 피타고라스를 몰라도
지름길을 알듯이 말입니다.

감탄을 하면서, 감동을 하면서
이 놀이를 지켜보다가 한 장 찰칵 찍었습니다.

아이들은 가까이 다가서는 어른에게
늘 이런 선물을 줍니다.
오늘도 우리 한 발 더 아이들에게 다가서 봅시다.
(2013. 9. 9)

지각생이 많아요

9월도 중순에 들어섰습니다. 새롭게 시작하는 월요일입니다.

오늘 아침 지각생이 제법 많이 보였습니다.
공동생활에서 가장 중요한 약속은 시간 지키기입니다.
지각을 해야 할 사정이 있으면 지각보다 더한 결석이라도 해야겠지요.
그렇지만 아무렇지 않게, 밥 먹듯이, 버릇처럼
지각을 해서는 안 됩니다.
늦었는데도 조금도 서두르지 않고
아주 느긋하게 등교를 하는 아이들이 많습니다.
30분 넘어 교실 뒷문으로 들어온 아이가
모든 아이들이 책을 읽고 있는 틈새를 지나
지각을 한 까닭을 물어보지도 않고
슬그머니 제자리에 앉도록 해서는 안 됩니다.
규정을 어겼으면 그에 대한 책임도 물어야 합니다.
아침부터 규정을 어겨 가며 공부를 시작하게 해서는 안 되겠지요.

오늘 아침 황경숙 교감선생님이 방송으로 내보낸 네 가지 도전에
'지각 없는 동평에 도전!'
이것도 하나 더 넣었으면 좋겠습니다.

결손가정에서 어린 시절을 보내고
흑백 차별이 심한 미국이라는 나라에서 대통령이 된 오바마.

세계를 놀라게 한 그가 백악관 사람들에게
"내 두 딸 침대 정리는 절대로 도와주지 마라."
"자명종도 스스로 맞추게 하고, 깨우지도 마라."
이렇게 당부를 했다네요.
우리나라 교육을 그토록 칭찬하는 오바마 대통령이
자기 딸을 이렇게 키우고 있답니다.
그는 대한민국 교육 방법이 부러운 게 아니라
교육에 대한 열정만 부러운 것이겠지요.

지각생 중에서 부모가 깨워 주지 않아 지각을 했다면
그건 스스로 일어나는 연습 중인 겁니다.
속으로는 장하다는 생각이 들더라도 지각한 까닭을 물어야 합니다.
그게 스스로 버릇을 고쳐 가는 일을 도와주는 게 됩니다.

공부 공부, 점수 점수…… 이러면서
기본규칙, 기본예절같이 정작 어릴 때부터 몸에 익혀야 할 소중한 것에는
너도 나도 소홀하지 않았나 돌아봐야겠지요.
초등학교 교육 방향은 기초이고 기본입니다.
초등학교 때 익힌 기본 생활 버릇은 평생 삶을 좌우합니다.

오늘도 아이들과 힘차게 한 주 시작하세요.
(2012. 9. 10)

친구와 놀려고 학교에 와요

13일 금요일이네요.
교장실 앞 향나무에서 까치 한 쌍이
아주 요란스럽게 울어댑니다.
제가 새소리를 구별하여 들을 만큼 민감한 귀는 없지만
무슨 절박함이 있어서 울어대는 것 같지는 않습니다.
그냥 한 쌍이 즐겁게 노는 것 같아요.
그러니까 우는 게 아니라 노래하는 것이겠지요.
장단이라도 맞추듯이 귀뚜라미 한 마리도 울어댑니다.
이상하게도 한 마리만 웁니다만
외롭게 운다는 생각이 들지 않아요.

1학년 8반 교실 옆 '상상칠판'의 이번 주제가
'행복했던 순간'을 적어 보는 겁니다.
그런데 대부분 아이들이 '친구들과
재미있게 놀 때'라고 적었습니다.
'현장학습' '캠핑' '여행' 이런 앞말이 붙긴 했지만
결국은 '친구들과 놀 때'입니다.
어떤 아이는 '학교에 올 때'라고 써 놓기도 있습니다.
이 역시 학교에 와서 친구들과 논다는
전제가 있는 게 아닌가 싶어요.

아이들이 가장 행복할 때가 놀 때인 건 맞습니다.
그것도 혼자 빈둥거리거나 스마트폰을 가지고 놀 때가 아니라
동무와 놀 때입니다.
아이들에게 학교는 동무들과 놀면서
행복하게 자라는 곳입니다.
아이들은 경쟁하려고 학교에 오는 게 아니라
함께 놀며 행복하려고 학교에 옵니다.
물론 놀면서 티격태격 다투기도 하지만
그건 경쟁이 아니라 친해지는 과정입니다.

벌써 여기저기서 동무들을 만나
하루를 시작하는 소리들이 들립니다.
행복을 시작하는 소리 같기만 합니다.
주말 잘 보내십시오.
재미있는 주말 과제로
여름을 쫓아내고 천천히 찾아오는 가을을
산과 들에서 느껴 보거나 찾아보게 하는 것도 좋을 듯합니다.
오늘도 아이들과 즐겁게 지내세요.
(2013. 9. 13)

학교에 가을이 왔어요

상쾌한 월요일 아침입니다.
주말 잘 보내셨나요?

전 어제도 오늘도 새벽에 알밤을 주웠어요.
추석 차례에 쓸 만큼 주웠어요.
어릴 때 아침 이슬에 고무신이고
아랫도리고 흥건하게 적시면서
두 눈을 부릅뜨고 어둑어둑한 밤나무 밑을 헤매던
그 추억을 다시 한 번 해보았지요.

얼마 전에 양철북 출판사에서 다섯 권으로 나온
'이오덕 일기'에 이런 글이 있어요.
시골 밤길을 가던 버스 차장이
(옛날에는 버스에 차장 아가씨가 다 있었어요.)
시끄러운 엔진 소리 속에서도
차창 밖으로 들려오는 개구리 소리를 듣고는
"개구리 소리 들린다!"
이러더란 겁니다.
자연의 소리에 귀를 열 줄 아는 그 아가씨가
새삼 예쁘게 보이고 착해 보이더란 겁니다.
그러면서 그 아가씨 이름을 알아 두지 못한 것을 후회합니다.

다음에 만나면
조그만 선물이라도
하나 주고 와야겠다고 다짐을 합니다.

아름다운 자연을 볼 줄 알고
위대한 자연에 경외심을 갖고
순수한 자연에 겸손할 줄 알면
그 사람은 착한 사람입니다.

학교 안에도 가을이 성큼 다가오고 있습니다.
앞뜰 덩굴식물 재배원에
제비콩 꽃이 정말 예쁘게 많이도 피었습니다.
아이들과 한 번 꽃구경해 하세요.

오늘도 아이들과 재미있게 하루 보내세요.
(2013. 9. 16)

다른 학교는?

조용하고 조용한 아침입니다.
태풍! 그놈 참 무섭네요.
순하게 이곳을 지나갔다고 고마워하면서
퇴근을 했는데
뉴스를 보니까 그게 아니네요.
곧 거둬들일 벼가 물속에 잠긴 모습하며
떨어진 과일은 물론 뿌리째 뽑힌 과일 나무를 보니
많이 속상했습니다.
텔레비전을 보면서 자꾸 눈물이 나왔습니다.
'망연자실'
농사꾼에게 농작물은 자식과 같은 존재입니다.
우리 아이들도 학교 급식 때나 집에서 음식을 먹으면서
마음속 깊이 고마워하는 마음을 느꼈으면 합니다.

기분 좋은 이야기 하나 전합니다.
지난 6월에 치른 전국성취도평가 결과에서
우리 학교 6학년에서는
기초 미달이 한 아이도 없습니다.
6학년 선생님들 수고 너무 많았습니다.
그 결과를 전달받으면서 전 이렇게 물었습니다.

"다른 학교는?"
줄 세우고, 비교하는 데 저도 모르게 익숙해져 있었네요.
"너희 반에 100점 맞은 아이 몇이니?"
받아쓰기 100점 맞아 오는 아이에게 이렇게 묻지 말라고
학부모 연수회 때마다
신신당부하던 그 입으로 말입니다.

오늘도 아이들과 재미있게 지내세요.
(2012. 9. 18)

모래놀이장 만듭니다

날씨가 '쾌청'이니 마음도 따라서 '맑음'입니다.
그렇지 않나요?

중간 뜰에 모래놀이장을 만들고 있습니다.
연결통로 부근에
60센티미터 높이로 모래통을 만들어서
아이들이 서서 모래놀이를 하도록 합니다.
그리고 회의실 바로 뒤에는 모래 무더기를 만들어서
거기에 신발 벗고 들어가서 두꺼비집도 짓고
모래성도 쌓으며 놀도록 할 생각입니다.

좁은 공간에서 놀 곳이 너무 없는 우리 아이들,
흙과는 담을 쌓고 살아야 할 우리 아이들을 위해서
작은 숨구멍을 만드는 겁니다.
아토피란
아: 아픈 이유가
토: 토양(흙)을
피: 피해서 놀기 때문에 생기는 병이라고 할 정도로
환경이 문제가 되어 생기는 아픔입니다.

전 내일 모레 1박 2일 동안
구미에 있는 경북환경연수원에서
교장단 환경 교육을 받고 옵니다.
연수 잘 받고 오겠습니다.
오늘 하루도 날씨처럼 맑음이면 좋겠습니다.
(2012. 9. 19)

곁에 있어 행복합니다

비가 온 것도 아니고 안 온 것도 아닌
아주 어정쩡한 날씨입니다.
오늘은 4학년 빙상 현장학습이 있고
유치원도 수목원에 갑니다.
오후에는 도남초에서 민속놀이 한마당 경연이 있고요.
3학년 컨설팅 장학도 시작이 됩니다.

어제 아침이었어요.
너무 촘촘하게 정렬해 놓은 배추 화분을
적당한 간격으로 넓혀 놓는 일을 했지요.
화분 한 개가 10킬로그램은 되는지라 제법 힘이 드는 일이었어요.
끙끙거리며 옮기고 있는데
5학년 홍현우가 지나가다가 이러는 게 아니겠어요.
"교장선생님, 힘드시면 좀 도와드릴까요?"
금방이라도 가방을 벗어 놓을 몸짓이었어요.
얼마나 고맙던지요.
"고맙다. 다 했어."
허리를 펴면서 이렇게 말했지만 그 마음이 어찌나 고맙던지요.
현우뿐만 아니라 다른 아이도 그때 그곳을 지나갔다면
똑같이 했을지 몰라요.
어제 아침을 그렇게 신나게 시작했습니다.
힘이 나더라고요.

작은 아이가 한 말에 그렇게 감동하고,
그렇게 신나 하고…….
이게 우리 선생들 마음인가 봅니다.

곁에 누군가 있어 주는 것만으로도
고맙고 행복해지는 것처럼 말입니다.
그냥 있어 주는 게 아니라
서로가 도움이 되고
언덕이 되어 준다면 더할 나위가 없겠지요.

선생님은 교실에서
아이들이 넘을 수 없는 큰 산으로만 존재할 게 아니라
어떨 땐 아이들 도움을 기다리는
아랫자리에 있어도 괜찮겠다 싶어요.

오늘도 아이들과 서로 언덕이 되어 주면서
행복하게 하루 보내세요.
(2013. 9. 25)

모래놀이장 누가 만들자고 했어요?

추석 연휴가 시작되기 하루 전날입니다.
그리 긴 연휴는 아니지만
재량휴업일이 있어 길어졌습니다.

중간 뜰 모래놀이장이 인기 짱입니다.
앉아서 하는 모래놀이장보다
서서 하는 입식 놀이장이 더욱 인기네요.
어제 거기서 놀던 아이가 이러는 게 아니겠어요.
"교장선생님, 누가 이걸 하자고 칠판에 썼어요?"
"내가 썼지."
그랬더니 절을 꾸뻑 하며 인사를 해요.
"정말요? 고맙습니다."
학교에서 저희들에게 도움이 되는
무엇이라도 만들면
저희들 중 누군가가 건의해서
그렇게 된 줄 아는 모양이지요.
괜찮고 바람직한 현상입니다.
저희들 의견이 반영되는 학교라는 생각
그래서 저희들이 학교의 주인이 되고
개개인이 중요한 자리에 있다는 생각은
오고 싶고 머물고 싶은 학교가 되게 하는 힘입니다.

그런데 놀이 뒤에 묻어나는
모래 처리가 문제가 되기는 하네요.
어떻게 하면 좋을지 지혜를 모아 봅시다.
오늘도 아이들과 많이 웃으세요.
(2012. 9. 28)

10월의 아침 편지
단풍잎 교실

애벌레 엄마가 준 축복

점심 맛있게 드셨나요?
상달 10월입니다.
참 좋은 계절이지요.

오늘 아침에
배추에 붙어 있는 애벌레를 잡고 있는데
2학년 여자아이(은채현이라고 하던가?)가
곁에 바짝 붙어 서서
호기심 가득한 눈으로 지켜보고 있었어요.
"요놈들 봐라! 자기 몸 보호하려고
배춧잎과 똑같은 연두색을 하고 있네."
그랬더니 그 아이가 내 말을 받아서
이러는 게 아니겠어요?
"애벌레 엄마가 준 축복이네요."

깜짝 놀랐어요.
세상에!
어찌 그런 재치 있는 말을
그렇게 순발력 있게 할 수 있는지요.

김송희 선생님이 출산휴가 마치고 돌아오셨고
김수연 선생님이 출산휴가 들어가시고
또 몇몇 선생님들이
임신을 했다는 반가운 소식이 들립니다.

오늘도 아이들과 남은 시간 재미있게 보내세요.
(2013. 10. 1)

놀지 못해 생긴 병

가을비가 내립니다.
'봄비' 하면 '보슬보슬'이라는 시늉말이 어울리지요.
만물을 꿈틀거리게 하니까요.
'가을비' 뒤에 달라붙는 시늉말은 '추적추적'입니다.
별로 아름답지 않은 말이지요.
곡식과 과일이 제대로 익는 데는
비보다는 따스한 햇볕이 더 좋을 테니까요.

오늘 아침에는 30년도 훨씬 지난
강원도 사북 광산촌 아이가 쓴 시 한 편을 감상하겠습니다.

다닥다닥 붙은 집

– 6학년 심선이

맘 놓고 놀 수가 없어요.
시끄럽다는 소리가
더 시끄러워요.

짧은 시이지만 판잣집들이 다닥다닥 붙어 있는
당시의 광산촌의 골목 풍경을 읽을 수 있습니다.

202

놀지 못하는 요즘 아이들.
그때의 아이들은 배가 고팠지만
지금 아이들은 마음이 고픕니다.
도대체 집중이 되지 않는 아이들,
천방지축인 아이들,
마음이 아픈 아이들,
모두 놀지 못해 생긴 병들입니다.
이런 아이들 손 꼭 잡고
서랍 속에서 손톱깎이 꺼내어
'똑똑' 손톱 한 번 다듬어 주면서
그윽이 눈 맞추고 이야기 나누어 본다면
그게 약이 될지도 몰라요.

내일은 개천절입니다.
아이들에게
우리 단군 신화 한 번 들려주시면 좋겠어요.
쑥, 마늘, 호랑이, 곰…….

오늘도 재미있게 보내세요.
(2013. 10. 2)

우리말 우리글

징검다리 휴일이 마음을 가볍게 합니다.

지금 운동장에는 우레탄 공사 밑작업을 하느라
시끄럽고 먼지도 많이 날리고 합니다.
시끄러운 소리와 먼지는
수업 시작 전까지입니다.
오늘은 운동장을 전혀 쓸 수 없습니다.
예쁜 우레탄 트랙이 눈에 보이는 듯합니다.

한글날이 다가옵니다.
올해부터 쉬는 날이지요.
우리 학교에도 한 번 오셨던 농부철학자 윤구병 선생님은
잡지 '개똥이네 집'에 쓴 글에서
'입자'를 한 톨 두 톨 하는 '톨'로
'파동'이라는 말을 '물결'로 왜 못하느냐며,
이른바 '과학 용어'에는
우리말이 발도 못 붙인다고 한탄을 했네요.
여섯 살짜리도 알아듣고
시골 어르신들도 알아듣는 말로 이야기를 풀어 가야
그게 민주 세상이라고 하네요.

얼마 전 3학년 수업을 참관하고

선생님들과 이야기를 나누면서
'첫소리' '가운뎃소리' '끝소리' 가
학년이 올라가면 '초성' '중성' '종성'으로 바뀌어
우리말은 저학년 때나 쓰는 유치한 말이고
머리 굵고 철이 들면
한자말이나 영어를 써야 되는 줄 알고 있으니
이보다 더 기막힌 일이 어디 있는가 하고
이야기를 나눈 적이 있어요.
내 것을 소중하게 여길 줄 알게 하는 것이
교육에서 아주 소중한 일이겠습니다.

오늘도 아이들과 재미있게 지내세요.
(2013. 10. 4)

자연은 느끼는 사람의 것입니다

가을이 깊어 가고 있습니다.
또 한 주가 시작되네요.

시애틀 인디언 추장이
자기들 땅을 돈으로 사려고 하는 백인들에 맞서서
"당신들은 돈으로 하늘을 살 수 있다고 생각하는가?"
"당신들은 비를, 바람을 소유할 수 있다는 말인가?"
이렇게 연설을 했다지요.

환절기는 신비하고 위대한 자연의 변화를
몸으로 느낄 수 있는 기회이기도 합니다.
이 환절기에 아이들이 자연을 느끼게 하면 좋겠습니다.
주말에 들로 산으로 가 보게 하는 것도 좋겠지요.
자연은 누구 뭐래도 우리들 것입니다.

오늘은 미리 알린 것처럼
서울에서 어린이 문화와 관련 있는 사람들 8명이 옵니다.
문학 관련 교수, 작가,
책 만드는 사람, 그림책 그림 그리는 사람,
어린이문화연대 사람,
어린이도서연구회 사람……

어린이 문학은 작가들에게만 맡겨 둘 게 아닙니다.
작가, 책 만드는 사람, 교사, 학부모……
모두가 나서서 지켜보고, 걱정하고,
의논해야만 합니다.
아이들이 읽는 책을 만드는 일,
그게 어디 적당하게 해서 될 일입니까?
아이들 삶이 달렸고,
아이들 미래가 달렸는데 말입니다.

오늘 우리 학부모들은
그런 사람들을 한꺼번에 만나 봅니다.

오늘은 차가운 서리가 내린다는 한로입니다.
환절기에 늘 건강 챙기시고
아이들과 한 주 힘차게 시작하세요.
(2012. 10. 8)

소나무와 참나무

가을이 깊어 갑니다.

교실에서, 교무실에서, 운동장에서,
시청각실에서, 강당에서, 그리고 연구실에서
최선을 다하는 모습이 아름답습니다.
작은 불편을 참아내면서
상대방을 배려하고
도와주시는 모습들 역시 아름답습니다.
슬픔을 함께하고 기쁨을
함께하는 모습 역시 아름답습니다.

오늘 저녁에 어머니를 잃은
권순호 연구부장을 위로하러 간다지요?
마음 준비는 하고 있었다지만
부모님 잃은 슬픔은 큽니다.

진정한 만남이란 얼굴만 마주 보는 게 아니라
마음과 마음도 함께하는 것이겠지요?

함께 보낸 사진은
팔공산 수태골 들머리에 있는 나무입니다.
종이 다른 소나무와 참나무가

기대어 도와 가며 자라는 모습입니다.
전 그 나무 앞에 한참을 서서 보고 또 봤습니다.

오늘도 아이들과 재미있게 하루 보내세요.
(2012. 10. 10)

실수가 아름다운 교실

제93회 전국체전이
우리가 사는 이곳 대구에서
어제 막을 올렸습니다.
대통령도 참석하고
17개 시·도 시장과 도지사도 참석했습니다.
세계 곳곳에 흩어져 살아가는
우리 동포들도 참석했습니다.

개막식이 아주 대단했습니다.
5만 관중이 싸이의
'강남스타일'에 맞춰 춤도 췄습니다.

자연스럽게 손을 흔들며 입장하는 시도 선수들
그것도 보기 좋았고요,
매스게임 가운데 가끔 실수를 하는 사람들이
자기가 실수한 것을 얼른 알아차리고는
아이쿠 뜨거워라 제자리로 돌아가는 모습
그게 더 보기 좋았어요.
실수하는 사람이 있으니까 매스게임이 더 멋져 보였어요.
'일사불란' 그거 재미없잖아요.
사람 냄새가 나지 않잖아요.

교실에서 실수는 더더욱 소중합니다.
수업시간에 하는 실수는
귀하고도 귀한 겁니다.
자잘한 실패는 큰 성공의 밑천이 되니까요.
실수를 해도, 틀린 답을 내도
우리 교실, 내 교실이 자랑스럽고
우리 선생님, 내 선생님이 좋으면 되는 겁니다.
실수를 하면서
실수를 딛고 성장하는 아이들에게는
기초가 더욱 단단해집니다.
그래서 미래가 있습니다.

오늘 전 오후에 욱수초등학교에 갑니다.
오늘도 아이들과 행복하게 지내세요.
(2012. 10. 12)

시골길도 흙이 없어요

주말 잘 보내셨나요?
모처럼 화창한 가을 주말이었지요?
온 산천에는 가을이 가득해요.
일이 많아서 정신없는 주말을 보낸 분도 있기는 합니다.

오늘은 운동장 우레탄 깔기 공사로
많이 시끄럽습니다.
조금 참아내야 할 것 같습니다.
그리고 교무부장 수업심사 받습니다.
아이들과 호흡이 척척 맞아서
만족스러운 수업이 되었으면 좋겠습니다.

전 주말에 가까운 친인척들과 함께
외씨버선길 가운데 봉화 일부 구간을 걸었습니다.
어릴 때 날마다 흙을 밟으며
수십 리 길을 걸어 학교를 오갔던 것에 견주면
아무것도 아닌 짧은 거리였습니다.
그런데 무엇보다 아쉬움이 남는 것은
청송, 영양, 봉화, 영월 등
우리나라에서 가장 시골을 지나는 그 길이
흙길보다는 시멘트 바닥이 더 많았다는 사실입니다.
시멘트나 아스콘 포장길이

자동차나 경운기가 다니기에 편리하고
빗물에 잘 쓸리지 않아 보존성도 더 좋고
잡초나 잡목이 자라지 않아 관리에는 좋겠지만
아쉬움이 남는 건 어쩔 수 없었습니다.
흙이 아쉬운 것은
이제 도시만은 아니었습니다.

이렇게 볼 때 우리 학교 에코스톤 운동장은
그나마 흙을 살려 둘 수 있어서 다행입니다.
잘했다는 생각을
하루에도 여러 번 하게 됩니다.

오늘도 아이들 이름을 불러 주면서
가끔 손톱깎이로 소통도 해보면서 재미있게 보내세요.
(2013. 10. 14)

실내화 주머니 없이 등교하는 즐거움

촉촉한 가을 아침입니다.
놀토가 아니지만 주말은 언제나 즐겁습니다.
무르익은 단풍도 아름답지만
막 색칠이 시작되는 단풍도
예쁘기 그지없습니다.

등교하는 아이들 입에서
실내화 가방 안 들고 오니
하늘을 날 것 같다는 말이 나오네요.
학교에 오고 싶다는 놀라운 말도 나오고요.
어떤 아이가 "퍼펙트예요!" 하길래
퍼펙트가 뭐냐고 물었더니
완전하다는 말이라고 설명을 해주네요.
지금까지는 성공입니다.
생각했던 것처럼
출입구와 복도가 더럽지 않습니다.
열 번씩 털고 닦는 게 몸에 익게 되면
이 깨끗함이 이어질 겁니다.

아이들이 싱글벙글하면서 등교하는 모습
아름답고 사랑스럽습니다.

사랑도 지나치면 병이라고 하지만
정말로 그런 병에 걸리고 싶네요.

즐거운 주말 맞이하십시오.
(2011. 10. 15)

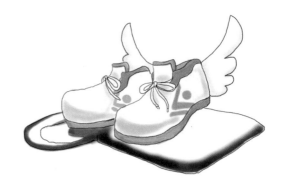

교문에서 아이들을 맞으며

"어제는 왜 없었어요?"
"교장선생님이 없으니 섭섭했어요."
어제 아침에 모처럼 정문에 서 있었더니
뒷문으로 들어오는 3학년 노현우를 비롯한
몇몇 아이들이 이러네요.
얼마나 고맙던지요.

우리가 고등학교 다니던 시절
교문에서 두 눈 부릅뜨고 서 있던
선도반 기억하나요?
무엇인가 꼬투리를 잡아서 야단을 치려는
생활부 선생님도 있었지요.
그래서 지금도 교문에 누군가가 서 있으면
부담이 되어 반갑지 않다는
선입관이 있는 겁니다.

교장과 교감은 교문에서
아이들을 따뜻하게 맞아 주고
선생님은 교실에서
아이들을 이름 부르면서 맞아 주고.

혹시나 늦게 헐레벌떡 교문에 들어서는 선생님이 있으면
"얼마나 힘든 일이 있었겠노!" 걱정하면서 맞이하고
아이들과 함께 교문까지 오신 학부모님은
교장 교감이란 사람이 교문에서
아이들을 맞아 주는 걸 보고
학교에, 공교육에 믿음이 쌓여 가고……

이게 학교의 제 모습입니다.
오늘도 아이들과 재미있게 지내세요.
(2011. 10. 19)

마수걸이는 아이들부터

가을이 깊어 가고 있습니다.
이제 아침이 제법 쌀쌀합니다.
이쯤 되면 경북 북부지방에는
서리가 내리게 됩니다.
머지않아 이곳 대구에도 서리가 내리겠지요.

이제 운동장 막바지 정리 작업을 합니다.
이번 주까지만 참으면
다음 주부터는 새 운동장에서 마음껏 뛰놀 수 있을 겁니다.
그동안 우리 아이들
무던히도 잘 참아 주었습니다.

체육부에서 새롭게 단장된 운동장을
우리 아이들이 가장 먼저 밟아 보고 즐겨 보도록 하자는
멋진 계획을 세웠네요.
월, 화, 수 3일 동안 학년별로 한 시간을 정해서
아이들이 마수걸이로 우레탄을 달려 보고
에코스톤 필드에서 놀이도 하도록 해보자고요.
운동장 멋집니다.
아이들이 참고 견디고 기다려 왔는데,
그래서 자기들 운동장이 멋지게 완공되었는데
어른들이 모여서 하얀 장갑 끼고 테이프 끊고 선물을 나누는

어른들만의 잔치를 해서는 안 되겠지요.
그러면 주객이 바뀐 것이 되지요.
당연히 우리 아이들이 먼저 마수걸이를 해야지요.

멋진 운동장!
아이들마냥 가슴이 부풀어 오르네요.

오늘도 2, 6학년 현장 체험학습 떠나네요.
가을 속으로 아이들과
함께 나서 보는 것만으로도 좋습니다.
조심해서 잘 다녀오세요.
2학년 컨설팅도 이어집니다.

오늘도 아이들과 재미있게 보내세요.
예술잔치 준비로 바쁘지만 말입니다.
(2013. 10. 22)

서로 알아야 가족공동체가 살아납니다

오늘은 아이 시 한 편 소개할까 해요.
지금부터 30년 전, 그러니까 1980년대에 쓴 시입니다.

아버지 마음

– 강원사북초 5년 금교은

우리 아버지께서는
광부이시다.
매일 시커먼 얼굴이
되어 오신다.
어떨 때는
맛있는 사탕이나 과자를
사 오신다.
나는 그럴 때면
눈물이 글썽글썽거린다.

가족공동체가 살아 있습니다.
아버지 아픔을 아이가 압니다.
그래서 그 맛난 과자나 사탕이 고맙기보단 마음이 짠한 겁니다.
초등학생이 이럽니다.
가난하지만 이게 사람 사는 세상입니다.
과자를 사 오는 그 돈이

아버지의 피땀이라는 것을 알기 때문입니다.
식구들은 서로가 이해를 할 수 있어야
가족공동체가 살아납니다.
이해란 상대방을 아는 것에서 출발합니다.
우리가 지난 5월에 전교생 모두를 부모님 일터에 보내 본 것도
그렇게 해서라도 부모님이 하시는 일을 알게 함이었지요.

식구들이 지나치게 기능으로 역할 분담이 되어
식구들 간에도 벽이 높고 지극히 개인적이 되어 가는 오늘날
가정에서 내 영역만 고집할 게 아니라
함께 한 방향으로 같이 가보는 게 절대로 필요합니다.
함께 하는 여행이라도 좋고
함께 텃밭 가꾸기도 좋고
일터에 찾아가서 하루를 함께 해보는 것도 좋고요.

오늘 아침에는 시 이야기를 하다가
엉뚱한 길로 빠져 버렸네요.
유치원, 2, 4, 6학년 현장 체험이 있는 날입니다.
조심해서 잘 다녀오세요. 그리고 가을을 마음껏 느끼고 오세요.

오늘도 아이들과 재미있게 보내세요.
(2013. 10. 23)

가을을 교실로 가져와 보세요

10월 24일을 '국제연합일' 혹은
'유엔의 날(유엔데이)'라고 해서
공휴일로 했던 적이 있어요.
그때는 우리는 유엔 회원국도 아니었어요.
웃기지요?

오후부터 기온이 뚝 떨어진다고 하네요.
지난여름 생각하면 춥다는 말이 안 나올 것 같지만
그래도 추운 것은 추운 것이지요.
곧 소통 칠판에 교실 따뜻하게 해달라는 요구가
줄줄이 올라오지 싶어요.

올여름 당당하게 중앙현관을 푸르게 해주던
줄단풍이
붉어지고 있습니다.
조금 더 있어야 절정에 이를 것 같지만
지금도 볼만합니다.
운동장 서쪽 모과나무에는 모과가 샛노랗게 익었어요.
학교 뒤편 공원길에도 가을이 와 있고
학교 앞 동평어린이놀이터며
중간 뜰까지 가을이 가득해요.

교실에 커다란 종이상자 하나 준비해 놓고
거기에 예쁜 단풍잎 가득 모아 보면 어떨까요?
단풍 내음이 교실 가득 퍼실 섭니다.
들국화 가지나 구절초 혹은 쑥부쟁이 가지도
몇 개 꺾어 넣으면 더욱 향기가 짙어질 겁니다.

깊어 가는 가을
빨갛게 변해 가는 줄단풍을 보면서
한 번 생각해 봤습니다.

오늘도 아이들과 재미있게 보내세요.
(2013. 10. 24)

11월의 아침 편지
입김 호호

모두가 신나는 학예회

11월 1일입니다.
전교생이 무대에 나와서 발표를 하는
가을잔치 한복판의 날입니다.

학부모들도 평소 하는 일을 잠깐 접고
내 아이 발표 모습을 보러 오는 날입니다.
아이들은 물론 어른들까지
조금 들뜰 수밖에 없는 날입니다.
좀처럼 칠판 앞에 나서 보지 못한 아이들도
주인공이 되어 보는 날입니다.
평생 잊지 못할 추억의 날이 될 수도 있습니다.

저는 어릴 때 정말 졸장부였습니다.
'5·16 혁명 기념'이라는 이름으로 6학년 때 연극을 하였어요.
그때는 5·16 쿠데타를 '혁명'이라고 했지요.
그때 인민군 대장 역을 맡았던 연극을 평생 잊지 못합니다.
어머니와 함께 인민군 복장을 신나게 만들던 일이
생생하게 떠오릅니다.

학예회라는 행사는 절대로 경쟁을 하거나
서로 비교를 하는 게 아니니까
우리 아이들, 주눅 들지 않고 신나게 참여하면 좋겠습니다.

학예회는 각기 자기의 재주를 자랑하는 것이지요.
거대한 기계가 작은 부품으로 만들어지듯이
서로 일은 나누어 맡아
한 작품을 무대에 올려 보는 것이기도 하고요.
재주 자랑이라고는 하지만
지극히 제한된 재주 자랑입니다.
공기받기, 제기차기,
나무에 올라가기, 씨름하기, 달리기……
이런 재주 자랑은 여기에 없잖아요.
그러니까 학예회에 내놓을 재주가 없는 아이들도
조금도 주눅 들 필요가 없어요.

아이들 신나는 날이 되었으면 좋겠습니다.
(2013. 11. 1)

굉장히 중요한 일

어제 오후 교장실 앞에서
마구 달리는 두 여자아이와 딱 맞닥뜨렸어요.
"오른쪽으로 사뿐사뿐!"
그랬더니 글쎄 이러는 게 아니겠어요.
"교장선생님, 아주 중요한 일이 생겨서요."
"왜? 무슨 일이 있는데?"
두 눈 크게 뜨고 놀라는 척하면서 물었지요.
"물통을 잃어버렸는데 안 찾아가면 엄마한테 혼나거든요.
그런데 방송실에 가 보니 없어서
다시 교실로 찾아보러 가는 길이에요."
얼굴에는 걱정이 가득했어요.
웃음이 터져 나왔으나 아이가 너무 진지해서 꾹 참았지요.
"아 그랬구나! 그래, 교실에 가서 잘 찾아봐라."
아이가 간 뒤에도 나는 혼자 쿡쿡 웃었습니다.
1학년인 듯해요. 2학년일 수도 있고요.
금방 현장학습 갔다 온 것 같았어요.
너무 귀엽더라고요.
우선 제 물건 찾겠다고 나선 것도 대견하고요.
그 물건 찾는 일이 큰일이고말고요.
그 일이 있은 뒤로
하루 종일 기분이 좋았답니다.

학교운영위원들이 선생님들 노고를
많이 칭찬했습니다.
특히 안건으로 올라온 6학년 수학여행 건을 보고
아이들 의견에 귀 기울여
힘든 일 마다 않고 추진하고 있는
6학년 선생님들에게
더욱더 많은 고마움을 나타냈습니다.

아이들 작품에 이름과 만든 날짜를
반드시 쓰도록 하면 좋겠습니다.
작품은 그것이 언제 만들어졌느냐가 중요합니다.

오늘도 아이들과 행복하게 지내세요.
(2011. 11. 3)

공부와 놀이가 하나

며칠 전 점심시간에 도서관에서 본 풍경입니다.
2학년 여자아이 둘이 도서관 한편에서
아주 재미있는 놀이(공부)를 하고 있었어요.
한 아이는 붙박이 의자에 앉아 있고
한 아이는 그 앞에서
그림책을 보면서 읽어 주는 겁니다.
책 읽어주기 놀이입니다.
그러다가 역할을 바꾸어 해요.
가까이 가서 구경을 했어요.
어찌나 진지하게 놀이를 하는지요.

다른 곳을 한 바퀴 돌다가
그 모습이 보고 싶어서 다시 가 봤더니
글쎄 계속 그 놀이를 하고 있는 게 아니겠어요.
재미있었던가 봐요.
안영석 사서 선생님이 그러는데
그 아이들이 가끔 거기서 그 놀이를 한다네요.
공부는 놀이처럼,
놀이는 공부처럼
놀이와 공부가 하나 되는
정말 멋진 장면을 봤습니다.

주말입니다.
올해는 대단한 가을이 이어지고 있습니다.
가을 한복판에서 주말 잘 보내십시오.
아이들에게도 재미있는 숙제를 내줘서
자연으로 보내면 좋겠습니다.

오늘도 아이들과 재미있게 보내세요.
(2013. 11. 8)

우리 아이 힘들게 해달라는 학부모들

어느덧 11월도 한가운데에 와 있네요.
환절기에 모두들 건강 잘 챙기십시오.

이런 소식 들어 보셨나요?
서울에 있는 어느 사립초 학부모들이
1, 2학년 영어 선행학습을 허락해 달라고
영어 몰입교육을 하게 해달라고
거리로 나왔다는 소식 말입니다.
참으로 기가 막힌 소식입니다.

아이들 발달단계에 맞게 설계되어 있는
우리 교육과정을 이처럼 우습게 생각합니다.
교육과정이 우스우면 공교육도 우스운 것이 되지요.
나랏말을 먼저 익혀
제대로 쓰게 하도록 되어 있는 우리 교육과정이
그렇게도 마음에 안 드는 모양입니다.
"우리 아이들을 더 힘들게 해달라!"
"우리 아이들을 못 놀게 해달라!"
세상에 이런 부모가 어디 있단 말입니까!

'맘마!'
젖 달라는 요구를 이렇게 옹알이처럼 하는 아기에게

"어머니, 젖 주세요."라고
완전한 문장으로 말해야
젖을 주겠다는 엄마가 있다면
그게 어디 제정신을 가진 부모인가요?

지금 정부에서 아주 방향을 잘 잡은 게 있습니다.
'행복 교육'
'선행학습 금지'
이게 겉으로만 그럴듯한 죽은 표어가 아닌
정말로 아이들을 살리는 교육으로
제자리를 찾았으면 좋겠습니다.

아이들을 운동장으로 보내 주세요.
운동장을 대여섯 바퀴 돌고 하루를 시작하면
분명히 머리가 맑아질 겁니다.

오늘도 임후남 교감은 서울에서 열공하고 있습니다.
내일까지입니다.
오늘도 아이들과 행복하세요.
(2013. 11. 13)

학원 때려치워도 돼?

날씨가 꿀꿀합니다.
날씨 따라 마음도 꿀꿀해지기 쉽습니다.

오늘 아침에는
어떤 아이 시 한 편 보내드립니다.

국어 빵점

― 청주OO초 6여 OOO(2010. 2. 4)

오늘은 학원에서
국어 빵점을 맞았다.
엄마가
"니 그럴 거면 학원 때려치워!"
라고 했다.
"중학교 거 배우니까 그렇지.
그리고 진짜 학원 때려치워도 돼?"
라고 하니까
엄마는
아무 말이 없다.

웃음이 나오다가도 가슴이 답답해지지요?
시를 쓴 아이처럼.

전국 방방곡곡에서 수많은 아이들이
선행학습을 하느라
이렇게 엄마와 싸우고 있습니다.
이런 아이들과 날마다 함께하는 우리 선생님들도
힘들기는 마찬가지입니다.
교육과정, 제 속도, 제 걸음을 인정해 주면서
늘 아이들과 함께하는 우리 선생님들
힘들고 어렵지요?
그렇지만 우린
오늘도 그런 아이들을 웃으면서 맞아
그 아이들에게 힘과 용기를 주고 있어요.
힘내라고 함께 웃어 주고 있어요.

선생님들, 힘내세요.
오늘도 힘내어 아이들과 잘 지내세요.
(2012. 11. 13)

1학년은 유치원생, 떼쟁이, 때론 어른

어제 오후 눈발이 날릴 때는
오늘 굉장히 추울 것만 같더니
생각보다는 괜찮네요.
8시 갓 넘은 시간인데
벌써 운동장을 돌고 있는 아이들이 제법 있어요.

오늘 1학년 컨설팅 장학이 있는 날입니다.
학년별 마지막 순서입니다.
1학년 아이들과
눈 맞추고, 호흡 맞추고, 마음을 함께한다는 게
결코 쉽지 않은 일이지요.
그래도 우리는 해냅니다.

1학년 아이들 속에는 미운 네 살도 들어 있고
공주와 왕자인 유치원생도 들어 있고
어떤 때는 갑자기 성장한 어른도 들어 있어요.
이건 다른 학년도 마찬가지지요.
다 큰 6학년 같지만 그놈들 속에는
일곱 살 떼쟁이도 들어 있다니까요.
이런 아이들과 살아가는 우리는
언제나 용감한 용사이며
언제나 기막힌 마술사입니다.

그래서 전문가라고 하는 것이지요.
그래서 교단은 학식이나 덕망이 있다고 해서
아무나 설 자리가 아닌 것이지요.

오늘부터 사흘 동안
하성모 주무관이 연수 출장입니다.
아주 급한 일이 아니면 금요일로 미루고
급하게 해결해야 할 일이 있으면
행정실로 연락해 주세요.

지금 운동장이 시끌시끌합니다.
오늘도 아이들과 재미있게 지내세요.
(2013. 11. 19)

말썽쟁이도 선물입니다

날씨는 풀렸지만 꿀꿀하네요.

'10월의 마지막 날입니다.'라는 메시지를 보낸 지가
엊그제 같은데
어느덧 11월 끝자락에 와 있습니다.
세월은 빠른 게 틀림없습니다.
"한 달도 헐어 놓으면 눈 깜짝할 새 훌딱 지나가 버리지."
퇴직한 친구가 퇴직 전 어느 날 했던 말입니다.
한 달만 그런 게 아니라 일 년도 마찬가지입니다.

그렇지만 그 훌딱 지나가는 게
그냥 소모해 버리면 아쉬운 나날이 되지만
차곡차곡 채워 보낸 시간이라면
아쉬움보다는 성장했다는 뿌듯함이 더 클 겁니다.
같은 일을 두고 선택을 어떻게 하느냐에 따라서
천당과 지옥이 되지요.

말썽만 부리는 우리 교실 안의 그 짜식들
정말로 밉고 또 밉지요.
담임을 너무 힘들게 하지요.

그러나 그런 아이가
선생 자리를 다시 한 번 되돌아보게 됩니다.
'나에게 준 선물'이라고까지는 몰라도
교사가 겪어야 할 삶이고
교사에게 전문직이라고 말할 수 있는 자리를 만들어 준다고
생각해 보면 어떨까요?
행복이란 가슴속에
사랑이 넘치는 사람에게 오는 선물이랍니다.

오늘은 전교어린이회가 있는 날입니다.
아이들이 손전화 쓰는 것에 대해서
좋은 의견 많이 내놓지 싶습니다.
(2011. 11. 19)

선생님의 웃음은
아이를 행복하게 해주는 명약

또 하루가 시작되었습니다.
일찍 온 아이들이
종종걸음으로 교장실 앞을 지납니다.

오늘은 오래전에 발표된
아이 시 하나를 소개하겠습니다.

인사

– 울산 선암초 6년 변성희

저쪽에서 동네 아저씨가 온다.
그냥 가끼? 우짜까?
자꾸 가까이 온다.
"아저씨 안녕하십니까?"
"오냐, 착하다."
인사를 하고 나니
나는 속이 다 시원했다.

살아 있는 시입니다.
자기의 삶을 이렇게 진솔하게 나타내는 것이
참 삶을 가꾸는 글쓰기의 시작입니다.
이런 글을 쓰면서 자라난다면

그 무서운 학교폭력도 없고말고요.
세상이 아무리 변해도
변하지 않는 건
아이들 진솔한 마음입니다.

오늘도 아이들과 행복하게 지내세요.
그리고 많이 웃으세요.
선생님의 웃음은
아이들을 행복하게 해주는 명약입니다.
(2012. 11. 20)

이런 약봉지 써먹어 보세요

조금 풀리긴 했지요?
뭐니 뭐니 해도 어려운 게 학급 운영입니다.
어려운 만큼 내 평생 삶을 좌우할 보람도
숨어 있는 게 학급 운영입니다.

아침마다 아이들 이름 불러 주는 것이
학급 운영에
엄청 큰 도움을 주는 약이 되기도 합니다.
몇 해 전에 어떤 남자 선생님이
저에게 고백한 게 있습니다.
"솔직히 말해서 전 아이들 이름을
야단치고 꾸중할 때만 불렀던 같습니다.
차례대로 이름 한 번 불러 주는 게
교실을 이렇게 바꿔 준다는 사실,
이건 기적과 같습니다."
그렇습니다.
기적은 일상에서도 일어납니다.

오늘 아침에는 학급 운영에 써봄 직한
약봉지 하나 소개합니다.

아이들 시험 치는 날
요런 따뜻한 선생님의 마음이
아이들 가슴속으로 진하게 녹아 들어가
또 기적을 불러 올지도 모르겠네요.
약봉지는 붙임파일로 보냅니다.

전 오후에 출장입니다.
오늘도 아이들 이름 불러 주는 걸로
아침을 열어 봅시다.
(2011. 11. 22)

인성교육을 의무 수업으로 한다네요

비도 아닌 것이, 눈도 아닌 것이,
그렇다고 진눈깨비도 아닌 것이,
새벽 6시경부터 어정쩡하게 내리더니
이젠 비로 바뀌었네요.

어제 어느 신문을 보니 내년부터
초, 중, 고등학교에
인성교육을 의무 수업으로 하겠다네요.
국회 인성교육실천포럼이라는 게 있는데
거기서 법제화를 하겠다고 그럽니다.
아직은 구상 단계이겠지만
시행 시기까지 못 박고 나오는 걸 보니
실천 가능성이 있을 것 같기도 해요.
인성교육을 이렇게 법령으로 정할 만큼
학교 교육이 점수 따기로 굳어져 있다는
반증이라서 씁쓸하기도 합니다.
초등학교 때
특히 저학년 때는 시험에 얽매이지 말고
바른 생활습관이나 바른 예절 같은
기본 인성교육을 먼저 가르쳐야 하는 것만은 틀림없는 일입니다.
초등학교 교육 중심은 어디까지나
기초와 기본과 인성입니다.

초등학교 때 길러진 생활 버릇은
그 사람의 평생 삶을 좌우합니다.

　좋은 책에서는 좋은 향기가 나고
　좋은 책을 읽는 사람에게도
　그 향기가 스며들어
　옆사람까지도 행복하게 한다.

'책 읽는 기쁨'이라는 이해인 님의 시입니다.
우리 학교 노벨도서관 벽에 새겨져 있습니다.
책 읽기가 초등학교 때부터
생활 버릇으로 몸에 붙게 된다면
그 사람은 평생 향기 나는 삶을 살 수 있습니다.
뿐만 아니라 옆사람까지 행복하게 하면서 살 수 있습니다.
책을 더 많이 읽도록 권해 주세요.
오늘같이 바깥놀이가 어려운 날은
도서관에 가서 놀도록 권해 주세요.

전 오후 내내 출장입니다.
오늘도 아이들과 행복하게 보내세요.
(2013. 11. 27)

자기주도로 자라는 아이

춥습니다. 이젠 추위가 일상이 되는 계절입니다.
마음도 준비하고 몸도 준비를 해야겠지요.
추위는 몸과 마음을 움츠러들게 하지만
이웃과 더 가까이 더 따뜻하게 살아가라는 깨우침도 줍니다.
고맙지요. 그리고 봄을 기다리며 겨울을 이겨낼 힘도 주고요.
자연 앞에서 우리가 할 수 있는 일은 고마운 마음 갖기와 기다림입니다.

이번 달에 우리 학교 모든 식구들이
마음에 새겨서 생각할 과제는 전교어린이회에서 정한
'실내화 대신 털 슬리퍼를 신어도 되는가?'입니다.
작년에도 월 토론 과제로 선정하여 토론했던 과제입니다.
작년에 이어 또다시 그것을 과제로 정한 것은
그만큼 아이들에게는 큰 관심사라는 것이지요.
눈높이! 아이들과 눈높이를 맞춘다고 흔히들 말하잖아요.
그 구체 방법이 무엇일까요?
어른 기준으로는 쓸데없는 듯한 아이들의 의견에도
귀를 기울이는 겁니다.
그냥 들어 주는 정도가 아니라 그 별것 아닌 일을 소중하게 생각하는 겁니다.
그냥 바라보는 게 아니라 그 속에 들어가는 겁니다.

아이들은 모든 게 서투르니까
모든 것을 어른들이 결정해야 한다는 생각은 잘못된 것입니다.

어떤 학원을 갈까 하는 것도 부모님이 정하고
방학과제도 담임이 정해서 주고
잘 시간도 일어날 시간도 어른들이 다 정해 줍니다.
아이들도 압니다. 부모님은 결코 신도 아니고 하느님도 아니라는 것을.

실내화 주머니 사용 문제도 아이들 주도의 토론으로 결정한 겁니다.
그래서 그게 귀중한 겁니다.
빼빼로데이 보내는 문제도 아침 독서 시간에 만화 보는 문제도
아이들이 토론으로 생각해 본 일들입니다.
혼란이 있을 듯하여 비록 조심스럽게 다가가야 할 것도 있지만
그보다는 자율성을 키워 가는 게 더 중요합니다.

어른들이 주도권을 내주는 만큼
그것이 아이들 주도로 자라는 자양분이 됩니다.
학교는 미래를 향해 가는 곳입니다.
아이들이 중심에 서고, 아이들이 주도로 자랄 터전이 되어야 합니다.
"얘야, 니 일은 니가 알아서 하도록 해봐라."
이런 경우가 더 잦아야 되겠다 싶습니다.

오늘 아침에는 제가 담임할 때 잘못한 일들이 자꾸 떠올라
괜히 글이 길어졌습니다. 오늘도 아이들과 행복하게 지내세요.
(2012. 11. 28)

소통을 위해

날씨는 풀렸지만 별로 달갑지 않은 비가 내리네요.
이 비가 산간지방에는 눈으로 바뀌어 내린다지요.

11월 마지막 날이네요.
12월, 일반 달력으로도 마지막 달이지만
학교 달력으로도 정리를 하고
겨울방학 채비를 하는 달입니다.

어제 학교 누리집에서 아이들 글을 읽다가
"교장선생님이 마중을 나온다."
라는 글이 나와서 참으로 반가웠습니다.
"교문을 지킨다."는 말이 나올 법도 한데 말입니다.

오늘 아침 '손석희의 시선집중'에서
어떤 고등학교 교사가 손전화 방송 기능을 살려
자기 학교 아이들과
소통 도구로 이용하고 있다는 이야기를 들었습니다.
그 차가운 기계로 따뜻한 소통을 한다는 방송을 듣고
귀가 번쩍 뜨였습니다.
소통입니다.
어떤 집단이든 소통이 먼저입니다.
더욱이 마음과 마음이 통해야 하는 교실에서는

더욱 그렇습니다.
아이들과 소통도 소통이지만
교직원 간 소통도 소중합니다.

소통은 소통을 위한 장치도 중요하지만
구성원들 간 믿음이 먼저입니다.
우리 몸도 소통이 제대로 안 될 때 병이 나듯이
공동체 역시 소통이 없으면 탈이 납니다.

신뢰를 바탕으로 한 믿음이
소통을 원활하게 해줍니다.
우리 학교 어떤 교실에서는 바람직한 소통을 위해
아이들이 서로 존댓말을 쓰기도 하데요.

어제 기획위원회를 하면서
선생님들 간에 바람직한
소통을 하고 있는 곳이 우리 동평이구나
하는 생각이 들어서 혼자 싱글싱글 웃으며 퇴근을 했답니다.
고맙습니다.

오늘도 아이들과 재미있게 지내세요.
(2011. 11. 마지막 날)

12월의 아침 편지
첫눈 온 운동장

마지막 달을 맞아

아침부터 시끄러운 소리 때문에
엄청 신경 거슬렸지요?
화재경보기 잘못으로 그렇게 되었습니다.
빠르게 처리한다고 애를 썼는데도
결국 꽤나 오랫동안 울렸습니다.

12월이 시작되었습니다.
해마다 이때쯤 되면
"세월이 참 빠르다."
"한 것 없이 일 년이 지났네."
이러면서 자꾸만 뒤를 돌아보게 됩니다.

과거를 후회하고 미래를 걱정하느라
오늘 시간을 낭비하지 말라고 하지만
살아온 길을 되짚어 보면서
내일을 설계하는 것은 뜻 있는 일이지요.

저는 늘 세월의 흐름을
참으로 고맙다고 생각할 때가 많습니다.
한 발 한 발 걸음마를 배워 가는 기쁨이 있듯이
한 해 두 해 세월의 흐름 따라
그만큼 삶의 무게도 함께 더하기됩니다.

세월은 소중한 경험을 쌓아 줍니다.

저는 세월의 빠름을 느낄 때
날마다 기록하는 일기를 생각합니다.
일기는 단순한 역사의 기록만이 아니라
하루하루를 가치 있게
채워 가는 것이라는 생각을 합니다.
일기를 쓰지 않고 지나가 버리는 날들은
그냥 흘려 버리고 소모해 버리는 나날이 되고 맙니다.

선생님들, 일기 쓰고 계신가요?
하루하루 삶을 가득 채워 주는 일기
안 쓰고 계시면 지금이라도 시작해 봅시다.

갑작스럽게 이 말이 꼭 하고 싶어지네요.
"선생님들, 하늘만큼 사랑합니다."
(2012. 12. 3)

무서운 시험

호랑이는 곶감을 가장 무서워한다지요.
학생은 무엇을 가장 무서워할까요?
시험입니다.
오늘은 1학년부터 6학년까지 전교생이
그 무서운 시험을 보는 날입니다.

"우리가 클 때에 견주면 이건 아무것도 아니야.
감독도 바꾸어 했고,
한 개 틀리는 데 몇 대씩 맞았고,
1등부터 줄을 세워 가정통지를 했어.
지금은 아무것도 아니야."
이런 무섭던 시절 이야기를 해주면 조금 나아질까요?
더 무서워지겠지요?

"시험이라는 놈은 무서워한다고 사정을 한다고
피할 수 있는 게 아니다.
그렇다면 한 번 맞장을 떠 보자.
아니면 그냥 친해 보자.
친구란 더 가까워질 때도 있고 조금 멀어질 때도 있듯이
시험도 그렇게 해보자."
이렇게라도 응원해 주면 낫지 않을까요?

아침부터 아이들 이름을 불러 주면서
훈훈한 분위기 만들어
편안하게 시험 볼 수 있도록 해줍시다.

학부모회에서 김장 나누기 행사를 합니다.
훈훈한 행사이지요.
아이들에게도 시간 있으면 이 행사를 알려 주세요.
좋은 일은 생생한 교육 자료로
활용하는 게 좋지요.
김장하러 온 학부모 만나면
좋은 일 하신다고 격려하는 말 해주세요.
힘이 될 겁니다.

전 10시부터 교장장학협의회 출장입니다.
오늘도 아이들과 재미있게 지내세요.
(2013. 12. 5)

첫눈 온 날

성에는 덜 차지만
그래도 운동장이 하얗게 첫눈이 왔습니다.
제가 사는 송현동에는 제법 많이 왔습니다.
아침 운동 길에 제법 뽀드득뽀드득 소리가 났습니다.
그래도 첫눈이라고
지금 운동장에서는 아이들이 신이 나 있습니다.

첫눈, 첫 출근, 첫사랑……
무엇이든 처음은 설레게 합니다.

어제부터 전력 사용 한도(피크제)를 올렸습니다.
다달이 전기 요금이 상당히 올라가게 되었지만
난방기를 틀어도
찬바람이 나온다는 교실이 많아서 그렇게 했습니다.
써야 할 때는 반드시 쓰되
아낄 때는 아껴야겠습니다.
화석 에너지가 되었든
위험성을 안고 있는 핵연료가 되었든
전력 에너지는 지구 오염을 전제로 한 것입니다.
편리하게 쓰되 아껴야 하는 까닭입니다.
자본이 아무리 소비를 부추기더라도
절약은 변함없는 진리입니다.

당연한 이야기도 글로 쓰니까
설교같이 되고 말았네요.
내일은 평화와 행복한 공동체를 만들고자
국립대학 교수직을
헌신짝처럼 벗어 던지고 농부가 된
윤구병 선생님이 오시는 날입니다.
시청각실이 꽉 찼으면 합니다.
알림장으로 혹은 말로 아이들에게
부모님 꼭 오시라고 말해 주세요.

오늘도 우리 아이들과
첫눈의 설렘과 함께 기쁘게 시작하세요.
(2012. 12. 6)

숨찬 하루

늘 바쁘지요?
어제 기말고사 치르고 아이들은 '휴우!' 하겠지만
선생님들은 더욱 바빠졌네요.
채점, 성적 내기, 방학 준비, 평가 반성, 워크숍 준비……
일이 끝이 없어요.

오늘도 만만치 않습니다.
오후 3시에는 모두 상원초 가지요?
상원초가 작은 학교지만 창의 인성 모델 학교입니다.
창의 인성 교육을 어떻게 하느냐 궁금하면
그 학교로 가 보라고
모델 학교로 정해 두었습니다.
가벼운 마음으로 가서 가볍게 살펴보고
이어지는 친목행사에 참여해서
청룡산과 수변공원의 기운을 받아 옵시다.

우리 학교 아이들
체육시간에 단체 경기나 놀이 하는 걸 보면
참으로 대단하다는 걸 알게 됩니다.
요즘 아이들은 단체 경기를 하기가 어렵다는 게
선생님들의 호소입니다.
도대체 다른 아이의 실수를 용납하지 못한다는 것이지요.

모든 게 남 탓입니다.
규칙이고 원칙이고 없이
목에 핏대 세워 고함부터 지릅니다.
그런데 우리 아이들은 그러지 않더라고요.
모두들 그걸 느꼈을 겁니다.
이건 다름 아닌 우리 선생님들이
아이들을 따뜻한 눈길로 바라보고
믿어 주고 있기 때문입니다.

오늘도 힘차게 하루를 시작합시다.
전 오늘 무척 바쁩니다.
11시에 초등현장협의회 참석하러
관문초에 가고요,
이어서 달성도서관에 도서선정위원회 참석하고요,
3시에 상원초 모델 학교 방문단에 합류하고요,
이어서 창의경영학교 티에프티(TFT)팀 협의회 참석하고요,
마지막으로 우리 학교 친목회 모임에 참석할 겁니다.
휴우! 숨찹니다.
(2011. 12. 7)

아이를 안심시키는 말

오늘 오후부터 눈이 많이 온다지요?
기대가 되네요.
이왕이면 함박눈이 펑펑 쏟아졌으면 좋겠습니다.

아이들과 눈에 대한 이야기를 나누면서
한껏 부풀어 보는 것도 괜찮지 않을까요?

이런 글이 있어서 소개드립니다.

아이에게 안정감을 주는 14가지 말

1. 내일도 좋은 일이 있을 거야.
2. 네 나름대로의 방법이 좋은 거야.
3. 세상에 쓸모없는 일은 없단다.
4. 괜찮아!
5. 뭐든지 다 잘하는 사람은 없어.
6. 맞서 보면 어떻게든 해결된단다.
7. 네 자신을 믿으렴.
8. 처음부터 자신 있는 사람은 없단다.
9. 순수한 사람일수록 상처를 잘 받는단다.
10. 내일은 내일의 태양이 뜬단다.
11. 너는 소중해.

12. 힘들면 도와줄게.
13. 잘못은 누구에게나 있어.
14. 좋은 것만 생각하자.

참 좋은 말이지요?

어제 교무회의 때
선생님들이 너무 바빠 힘들어 하는 모습 보니
왠지 자꾸만 미안했어요.

청렴 실사를 하는 날이네요.
(청렴 실천에 대한 실사?)
오늘도 바쁜 가운데서도 행복하게 하루 보내세요.
(2010. 12. 8)

방학은 3학기

주말 잘 보내셨지요?
모처럼 비가 내리지 않았던 주말이었습니다.

이젠 정말 방학이 턱밑에 와 있습니다.
저는 방학은 제3학기라고 늘 생각하고 있습니다.
어른들이 잘 짜 놓은 틀 안에서
운신의 폭이 좁았던 정규 학기에 견주어
자기주도의 생활과 자율성이 넓어진 3학기인 것이지요.
자칫 규칙이 무너지고 생활이 제멋대로가 되어
방임이 되어 버릴까 봐 걱정들을 하게 됩니다.
그래서 과제를 한 아름 안기고
또 원격조종을 하고 그러지요.
그렇지만 너무 걱정하지 않아도 됩니다.
아이들을 믿고 방학을 한 번 보내 보면 압니다.

자기가 방학 기간에
꼭 하고 싶었던 게 있다면 좋겠지만
도대체 무엇으로 과제를 정할지 헤매는 아이가 있다면
알뜰한 안내가 필요합니다.
"이게 자율 맞나?"
할 정도로 자세한 안내가 필요한 아이도 있을 겁니다.
운동장만큼 넓은 길을 차선 없이

마구 달리게 하는 것보다는
주행 방향을 안내하는 차선이 필요하듯이 말입니다.
아이들이 이해를 잘 못하거나
설득이 잘 되지 않으면
선생님들이 먼저 선생님 방학과제를 정해서
본으로 내놓아 보는 것도 한 방법이 되겠습니다.

물음표(?-호기심, 탐구심, 집중력)를 높이려면
느낌표(!-배려, 감성, 설득력, 감동)가 필요합니다.
교육은 몸으로 보여 주는 게
가장 설득력이 있으며
그게 바로 왕도입니다.
긴 방학을 맞이하기 위해서는
적어도 몇 주일은 준비를 해야겠지요?

오늘도 즐겁게 보내세요.
(2011. 12. 12)

성찰은 발전을 위한 명상

학부모 연수회 날입니다.
학부모 연수회를 통해서
학부모 역량을 키우는 것 이상으로
공교육을 제대로 알리고
학교와 담임선생님에 대한 믿음을
쌓아 가도록 하자는 게 제 생각입니다.

한없이 바쁘지요?
전 선생님들이 바빠하시는 모습을 보는 것이
가장 안타깝습니다.
그리고 죄인이 됩니다.
선생님들의 여유가 교육력인데 말입니다.
그래서 제 마음은 늘
선생님들이 얼마나 바쁜가에 쏠려 있습니다.
"제발 교실에서 아이들과 이야기하며 지낼 시간 좀 주세요."
담임을 할 때 이게 제 소원이었습니다.

어제 시청각실에서 또 한 아름 일거리를 받았지요?
그 가운데서 '2011학년도를 마치며'라는 과제에 대해서
설명을 드리겠습니다.
제가 그 자리에 가서 말씀드려야 하는 건데
어제따라 손님들이 얼마나 많이 오던지…….

내년도 학교 교육과정을 짜기 위한
평가 반성 자료로 부서 업무에 대해 점검해 보고
학년 학급 경영을 검토해 보는 것과
중복이 된다고 생각하실까 싶어서입니다.

6차 교육과정부터 우리는 주어진 교육과정을 실천하고
수행하는 자리에 그치지 않고
교육과정을 만들고 결정하는 자리에 서게 되었습니다.
단위 학교 교육과정이 그것입니다.
참으로 바람직한 일입니다.
그러하기에 다음해 교육과정을 설계하기 위해서
올해를 뒤돌아보는 일은 중요하고도 중요합니다.
형식과 내용을 모두 제대로 살펴야 합니다.
그래서 워크숍이 중요합니다.

그렇지만 제가 제안한 '2011학년도를 마치며'는
그것과는 아주 다른 자리입니다.
바깥을 향하던 눈길을 내 안으로 돌려 보자는 것입니다.
이건 성찰입니다.
자기를 살펴보는 지극히 개인적인 점검입니다.
일 년을 마치는 자리에서
3월 시작할 때 한 다짐을 한 번 뒤돌아보자는 것이지요.

올해는 아침마다 아이들 일기를 읽어 보려고 했는데
그게 마음같이 잘 되지 않았다든지,
조금 힘든 아이 홍길동을 만났는데
그 아이와 일 년을 살아온 이야기라든지…….
그러니까 흔히 말하는 스토리텔링입니다.
그냥 격의 없이 해보는 이야기 자료입니다.
보람으로 남을 만한 일은
이렇게 되돌아봄으로써 더 크게 성장합니다.
해마다 2월이면 아이들에게 잘 못해 준 데 대한
아쉬움과 후회가 되풀이되는 것도
이렇게 정리를 해보면 줄일 수 있게 됩니다.
조금 귀찮더라도 한 번 해봅시다.
그냥 이야기할 자료를 메모한다고 생각하고
몇 줄만이라도 써 보세요.
제 경험으로 이 자료를 가지고
이야기를 풀어 놓은 워크숍에서는
웃음과 울음이 항상 함께했습니다.
공동체 결속을 다지는 계기가 되어 주기도 했습니다.
이 일은 학급 담임선생님들뿐만 아니라
교실 지원 일을 맡은 교장이나 교감이나 행정실에서도,
또 보조 일을 맡으신 분이나 급식을 맡은 분도,
우리 학교 교직원이면 모두가 쓰는 겁니다.

266

모두가 자기 자리에서 뒤돌아보는 겁니다.

농사꾼은 추수가 끝난 들판을 보면서
내년 농사를 생각합니다.
정치하는 사람들이 해마다 자기를 뒤돌아보는 성찰을 한다면
자기를 뽑아 준 사람들로부터 이처럼 외면을 당할까요?

성찰은 발전을 위한 명상입니다.
(2011. 12. 14)

출근시간 조정에 대해서

오늘은 정말 춥습니다.
교실에서 아이들 따뜻하게 맞아 주어야겠네요.
아침 일찍 교실로 난방을 넣었습니다.

방학 준비로 바쁘지요?
워크숍 준비로도 바쁘고요.
우리들이 꼭 해야 할 일이긴 하지만 말입니다.

내년도 일과 시간 조정에 대해서 연구팀에서
30분 출근 안을 준비했네요.
월요일 방송 시간 확보에 조금 문제는 있지만
점심시간 1시간 확보라는 장점과
아침 시간 10분 여유라는 장점이 있네요.
40분 출근 안도 있는데, 그것도 한 번 의논해 보세요.
출근이 늦으면 오히려 좋은 점도 많습니다.

공부해야 할 시수는 그대로인데
주 5일 수업제로 수업일수를 줄이다 보니
또 우리 학교는 1, 2학년 급식을 할 수 없는 형편이니
시정 운영에 고민이 발생한 겁니다.
그래서 20분 출근 안이 한 가지 방법으로 나온 겁니다.
좋은 방법이 있다면 40분 출근도 좋고 50분 출근도 좋습니다.

문제는 충분히 생각을 나누어 여럿이 좋은 안으로 정하는 겁니다.

학생들 의견도 다 들어서 학교 운영을 해야 하는 마당에
선생님들 의견 당연히 소중합니다.
문제는 의견 제출이고 생각 나누기입니다.
교장이 제출한 안이라고 해서 무조건 찬성할 필요도 없지만
강제성이 있다고 지레 판단하고 못마땅해 할 필요도 없습니다.
누구 안이든 의견은 소중하니까요.
누구나 자기 의견을 내놓으면 함께 토론이 됩니다.

그래서 연구부 팀에서 내놓은 30분 안도
20분 출근 안의 문제점을 보완한 안으로 좋다 싶습니다.
더 좋은 안이 있으면 연구부로 보내 주세요.
결정을 하기 전에는 생각을 곤추세우고 두 눈도 부릅떠야 하지만
결정을 한 뒤에는 한 눈을 감으라는 말은
비단 반려자를 구할 때만 적용되는 말이 아닙니다.

선생님들, 방학 설계는 세웠나요?
즐거운 일은 미리부터 즐거워하면 좋습니다.

오늘도 아이들과 즐거운 하루 보내세요.
(2011. 12. 16)

제자로 산다는 것,
스승으로 산다는 것

오늘도 제법 춥습니다.

어젠 '에듀니티'라는 기획사에서
교육, 문학, 우리말 우리글을 위해 평생을 살다 가신
이오덕 선생님 발자취를 찾아 기록으로 남기기 위해
우리 학교에 와서 이런저런 이야기도 나누고
촬영도 하고 했습니다.
제가 이오덕 선생님 제자라는 게 자랑스러울 때도 있지만
사실 부끄러울 때가 더 많습니다.
덜 부끄러운 삶을 살려고
다잡고 또 다잡아야겠다는 생각을 했습니다.
누구 제자로 산다는 게 그리 호락호락하지 않잖아요.
누구 자식으로 산다는 것도 마찬가지입니다.
우리는 모두가 누구 제자이고, 누구 자식으로 삽니다.
내 삶이 나 혼자의 삶이 아닌 까닭입니다.

오늘도 전 제자들을 만납니다.
34년 전 6학년 때 인연을 맺은 제자 아줌마들이
울산에서 구미에서 몰려온답니다.
누구 제자로 사는 삶도 쉽지 않지만
누구 스승으로 사는 삶도 만만치 않은 것은 마찬가지입니다.

어제 온 손님들 가운데는
이오덕 연구로 박사 학위를 받은
'어린이문학' 발행자 이주영 선생도 계셨고
우리나라 서머힐이라는 거창 샛별초에서 교장을 지내다가
다시 평교사 자리로 스스로 내려갔던,
지금은 농사꾼인 주중식 선생도 계셨습니다.
우리나라 으뜸 이야기꾼 서정오 선생도 오셨습니다.
손님맞이에 애써 주신 분들, 고맙습니다.
구운 고구마가 맛있다며 남은 것을 싸 가지고 가기도 했습니다.

어제 6학년 언니들이 지켜보는 가운데
새로 뽑힌 5학년 방송부원들이 아침 방송을 진행했습니다.
언니들이 하나하나 가르쳐 주는 손길, 눈길
서툴지만 언니들이 시키는 대로
방송을 진행하는 동생들을 보다가
순간 울컥했습니다.
너무 아름다웠습니다.
그 옛날 골목교실(놀이터)에서는
모든 것이 이렇게 이어져 왔습니다.

오늘도 아이들과 재미있게 보내세요.
(2013. 12. 17)

교사의 말 한 마디

습기 머금은 에코스톤 운동장이 참 보기 좋습니다.

방학이 턱밑에 왔습니다.
선생님이고 아이들이고 알찬 방학을 피우기 위해선
설레는 마음으로 방학 계획을 세워 보면 좋겠습니다.

어젠 멀리 남양주와 용인, 구미 등지에서 달려와
몇 시간 교장실을 점령해서 떠들어 댄 제자들 때문에
몇몇 선생님과 상담도 미루어지고 했습니다.

선공후사.
당연히 공적인 일을 앞세워야 하지만
그 멀리서 달려온 사람들을 공무에 방해가 된다고
서둘러 보낼 수는 없었습니다.
스스로 합리화를 했지요.
선생으로 사는 사람이 제자를 만나는 일도
교육 한 부분이라고.

용인에서 온 제자가 이런 말을 했어요.
"선생님, 우리 밤실 마을 아이들이 중간에서 도시락을 까먹고
늦게 학교 온 일이 있는데 그때 야단치지 않았어요.
'그럴 수 있지.' 이러고 넘어갔어요.

그걸 한 번도 잊은 적이 없어요."
그때 그 일이 33년 세월에도 지워지지 않고
오히려 생생하게 떠오른다고 해요.
저는 전혀 기억나지 않는데 말입니다.
선생의 말 한 마디가 아이들 삶 속에
이렇게 깊이 박힌다는 걸 생각하니
'40여 년 선생 생활을 하면서
아이들에게 못 박힐 소릴 얼마나 했을까?'
걱정과 함께 이젠 돌이킬 수 없는 아쉬움도 함께 떠올랐어요.
'있을 때 잘해.'라는 말이 있지요.
할 수 있을 때 잘해야겠지요.

교실에서 아이들과 함께하고 계시는 선생님은
아이들 가슴속에 북극성도 만들어 줄 수 있습니다.
하임 기너트의 '교실을 구하는 열쇠'라는 책에서
"교사는 그날 교실의 날씨를 좌우한다. 흐리게도 맑게도."
대략 이런 뜻의 글을 읽은 기억이 있네요.

오늘도 우리 아이들에게
평생 간직할 뭔가 하나 줄 수 있을까요?
그게 아주 대단한 것이어야 하는 건 아닙니다.
(2013. 12. 18)

투표에 꼭 참여합시다

12월 18일 아침입니다.
내일 19일은 대통령 선거일입니다.
휴일로 되어 있지요.
아이들에게 부모님과 함께
투표장에 가도 된다는 이야기를 해주세요.
기권을 방지하는 한 방법도 되겠네요.

투표에 참가하지 않는 유권자가 많을까 걱정입니다.
"나는 정치 같은 것에 관심 없어."
안 됩니다.
관심이 없다니요.
관심을 두지 않는 게 마치 잘하는 것인 양 해서는 안 됩니다.
찍을 사람이 없어서 투표하지 않는다고요?
어디 하늘에서 성인군자가 내려와서 대통령이 되나요?
투표하지 않는 게 가장 정치적입니다.
그 결과가 정치적이기 때문이지요.
우리 학교 교직원은 한 명도 빠짐없이 투표를 했으면 합니다.
기권도 권리라는 말 하지 말고 말입니다.

요순시대에 요임금이 노약하여 허유라는 사람에게
임금을 좀 해달라고 부탁을 했답니다.
허유는 두 손을 내저으며 못 들을 말을 들었다고

냇물에 귀를 씻고 또 씻었습니다.
그것을 본 허유 친구 소부는
귀 씻은 더러운 물을 소도 먹일 수 없다면서
냇물 위로 소를 몰고 가서 물을 먹였다는 고사 알지요?
지금 우리에게도
허유와 소부 같은 사람이 없으라는 법은 없습니다.
그렇지만 투표는 해야 합니다.
내가 대통령 하려고 하는 게 아니잖아요.
두 눈 부릅뜨고 고르고 골라서
신성한 한 표 행사해야 합니다.
그게 대한민국에서 어른 된 도리입니다.

민주주의 꽃은 선거이고
선거는 참여해야만 제자리를 찾습니다.
내일 얼른 투표 마치시고 여유 있는 하루 보내시기 바랍니다.

오늘도 아이들과 행복하게 하루 보내세요.
(2012. 12. 18)

통영 여행

드디어 내일이 방학입니다.
아이들 방학 계획도 계획이지만
선생님들 방학 계획도 잘 세웠으리라 봅니다.
아이들 앞에서 자랑삼아
발표를 하는 것도 괜찮겠다 싶네요.
혼자 하는 계획은 개인적인 다짐이지만
아이들 앞에서 알리게 되면 상대와 하는 약속이 됩니다.
약속은 꼭 지켜야 한다는 제약이 따라서
불편하기도 하지만
그 불편이 거꾸로 추진 동력이 되잖아요.
이왕 하는 것이라면 아이들에게 알려
아이들 과제를 독려하는
좋은 본보기로 삼으면 어떨까요?

내일 한나절 짧은 여행이지만 나름 뜻이 적지 않습니다.
우리나라 나폴리라고도 하는 문화도시 통영에 가서
청파문학관도 들러보고, 동피랑 언덕 벽화도 보고,
해저터널도 걸어보고,
한려수도를 내려다보는 미륵산에도 올라보고…….
꽤 괜찮은 곳입니다.
오늘부터 행복합시다.

"살까 말까 망설여질 때는 절대 사지 말고
갈까 말까 망설여질 때는 당장 떠나라."
이보다 더 여행을 부추기는 말을 본 적 있나요?

저는 오늘 오후 1시부터 출장입니다.
(2010. 12. 22)

2월의 아침 편지

아름다운 마무리

개학 준비

2013년도 11개월밖에 남지 않았습니다.
이렇게 써 놓고 나니 제 걸음으로 가는 세월을
괜히 조급하게 만들었습니다.

방학 잘 보내셨나요?
방학을 시작할 때 계획하신 그 일, 어느 정도 하셨나요?
실천이 되었으면 다행이고,
계획으로 끝났다고 해도 어쩔 수 없습니다.
계획은 계획이니까요.
하고자 하는 일 말고
다른 무엇이 그 자리를 채웠을 테니까 말입니다.

하필 모든 직원 출근 날에
겨울비답지 않게 추적거리네요.
방학 동안 여러 공사로 학교가 많이 흐트러져 있습니다.
거기다가 방과 후 학교, 도서관 개방으로
아이들이 많이도 들락거려 많이 어지럽혀 놓았습니다.
방학이라 청소 당번은 없고
학교는 그대로 북적거렸기에
먼지가 쌓이고 정리정돈이 필요하게 된 것은
어쩔 수 없습니다.

월요일이면 아이들이 옵니다.
아이들을 맞이하기 위해
오늘 하루 바쁘겠습니다.
"너희들 맞이하러 내가 오늘 이렇게 끙끙 땀 흘린다. 요놈들!"
이러면서 쓸고 닦으면
힘이 조금 덜어질지 몰라요.
그리고 오랫동안 못 본 동학년 선생님과
이야기도 나누고요.

전 오늘 오전에
북2지구 현장장학협의회 모임 갔다가
점심 먹고 들어옵니다.
(2013. 2. 1)

방학 잘 보내셨나요?

개학입니다.
방학 잘 보내셨습니까?
그리고 설 연휴도 잘 보내셨나요?
오늘 출근길 발걸음은 또 어떠셨나요?
해마다 겪고 맞는 개학이건만
약간 들뜬 마음은 어쩔 수 없습니다.
우리 아이들 씩씩한 발걸음으로 교문을 들어서면 좋겠습니다.
개학 날 아이들 발걸음을 보면
방학을 어떻게 보냈는지를 알 수 있거든요.

방학을 잘 보내고 아무 탈 없이 개학을 맞은 선생님
모두들 반갑습니다.
방학 기간에 우리 학교에는 큰 변화가 있었습니다.
가신 분에게는 아쉬움을, 오신 분에게는 반가움을 전합시다.

1,700명 아이들의 저마다 다른 방학과제들
교실에서 마음껏 자랑하도록 해줍시다.
어느 것 하나 소중하지 않은 과제가 없을 겁니다.
과제란 종이에 써 오는 것만이 아닙니다.
방학 동안에 겪었던 일 모두가 과제입니다.
방학 동안에 있었던 일들을 재잘재잘 서로 주고받도록 하면
과제 효과가 높아지고 깊어집니다.

선생님들도 방학 동안에 있었던 일,
큰돈 들여서 해외에 갔다 오신 이야기,
아이들에게 풀어놓아 보세요.
사진이나 자료를 보여 주면서 이야기를 해주시면 더욱 좋겠지요.

오후에 시청각실에서 교직원 모임을 하잖아요.
선생님들 방학과제 자랑하는 시간입니다.
아이들마냥 마음껏 자랑해 봅시다.

벌써 학교가 시끌시끌합니다.
역시 학교는 아이들이 있어야 펄펄 살아납니다.
긴 방학 동안의 일들이
교실 가득 웅웅대며 돌아다니는
개학날이 되었으면 좋겠습니다.

아이들 하나하나 눈 맞추면서
반가운 시간 보내세요.
(2014. 2. 3)

출근길에 보고 들은 이야기

사흘 만에 벌써 적응이 되었을까요?
추위 견딜 만합니다.

오늘 아침 출근길에서 보고 들은 이야기,
이 정도 추위 정도는 한 방에 녹여 버리는
아주 훈훈한 두 가지 이야기를 전합니다.

라디오에서 의경 한 사람이 소개되었어요.
70대 할아버지 한 분이 45일 운전 정지에 해당되는 벌을 받아
운전 재교육을 받고 있었는데
그분은 지팡이에 의지할 정도로 아주 몸이 불편했다고 해요.
그 할아버지를 지극정성으로 부축해 주고 도와준 이야기였습니다.
그냥 손잡아 주는 정도가 아니라 그 의경이 업고 다녔다고 해요.
오르막길도 계단도요.
그 의경은 어릴 적부터 조부모 밑에서 자랐는데
지금은 하늘나라에 계신 자기 할아버지가 생각나서
더 정성껏 도울 수 있었다고 했어요.
콧등이 시큰했어요.

주차장에 차를 세워 놓고 나오는데
지킴이 두 분이 비닐봉투와 쓰레기 집게를 들고
쓰레기를 줍는 게 아니겠어요?

깜짝 놀랐습니다.
그분들은 원래 1, 2월은 학교에 근무하지 않거든요.
아무리 봉사직이라고 하지만 세상에 이런 봉사를……
또 울컥했어요. 방학 때도 학교가 걱정이 되어
두 분이 시간 나누어 학교에 나오시곤 했어요.
만나면 고맙다고 인사해 주세요.
아니, 찾아가서 인사를 하면 더욱 좋습니다.
봉사에 대한 보답은 고맙다는 인사입니다.

아이들 설 세뱃돈 받아 책 한 권 사서
'내 책 역사 쓰기'를 하고 있는지 한번 살펴보십시오.
그리고 칭찬해 주세요.
"어이구! 우리 OOO 박사님 '개똥이 책'을 샀네요."
이런 칭찬 말입니다.

전 오늘 10시 이후부터 11시 30분까지
바로 이웃에 있는 한림유치원에 갑니다.
1학년에 입학할 아이를 둔 어머니들에게
'첫 아이 학교 보내기' 이야기를 잠깐 해주고 금방 돌아옵니다.

오늘도 아이들과 재미있는 하루 보내세요.
(2014. 2. 5)

방학과제 정말 대단합니다

날씨가 많이 풀렸습니다.
그렇지만 겨울 끝자락 심술은 마음 놓을 수 없습니다.

"유통기한이 지난 빵을 5일 간격으로 살펴봅니다.
맨눈으로 살피고 사진으로도 찍었습니다.
그런데 아무리 시간이 흘러도
곰팡이도 보이지 않고 썩지도 않습니다.
그래서 결론을 내렸습니다.
'빵에는 방부제가 섞여 있다.'라고요."
2학년 한 아이의 방학과제 보고서 내용입니다.

"검은 콩을 준비했습니다.
물에 담가서 구멍 뚫린 통에 담아 두었습니다.
하루 뒤
이틀 뒤
닷새 뒤
일주일 뒤에는
시중에서 파는 것과 같은 콩나물이 되었습니다.
그걸 뽑아서 콩나물 무침을 했습니다."
역시 우리 학교 어린이 방학과제 보고서입니다.

방학하는 날부터 입술 물어뜯는 버릇 고치겠다고

단단히 다짐을 하고
날마다 실천한 결과를 표로 만든 과제물도 보이네요.
설령 그 버릇을 고치지 못했다고 해도
"나쁜 버릇은 몸에 배면 이렇게 고치기 힘들구나!"
하는 것을 깨달은 것만 해도 방학을 잘 보낸 겁니다.

어떤 아이는 북극에 대해 알아보고
어떤 아이는 우리나라 전통 옷에 대해 조사를 하고
어떤 아이는 세종대왕 업적을 살펴봤습니다.
어느 하나에 마음을 모아 본 것
그것 하나만으로도 대단한 겨울방학을 보낸 겁니다.

우리 아이들 방학과제 하나하나에
큰 칭찬 상으로 얹어 줍시다.
그리고 서로 돌아가면서
찬찬히 살펴보도록 하면 좋겠습니다.
남 걸 알아야 내 것이 창조됩니다.

오늘도 아이들과 재미있게 하루 보내세요.
(2014. 2. 6)

우리 학교 선거 방송의 중요성

2월 첫 금요일입니다.
날씨도 제법 풀렸습니다.

오늘은 자치와 자율 활동의 출발인
전교 임원 선출이 있는 날입니다.
우리 학교는 규모가 커서 유권자인 학생들이 입후보자를 잘 알지 못합니다.
입후보자가 유권자에게 자신을 알릴 수 있는 딱 한 가지 방법
바로 선거 토론 방송입니다.

나라 대표를 뽑는 선거에서도
텔레비전 토론이 중요한 자리를 차지하지만
우리 학교 어린이 선거는
방송 토론에서 결정이 된다고 해도 틀린 말이 아닙니다.
원래 토론은 주제를 미리 주어
충분히 준비할 기회를 주어야만 토론이 제대로 됩니다.
그렇지만 우리 학교 전교어린이회 임원 선출을 위한 토론은 다릅니다.
방송 때 즉석에서 토론 주제가 나갑니다.
이런 토론은 아무리 말을 조리 있게 잘하는 사람들도 어렵습니다.
어른들도 어렵습니다.
그렇지만 우리 학교는 이 방법을 지킵니다.
미리 알려 놓으면 열성 부모들 생각이 후보자를 통해
대리 발표가 되고 말 게 뻔합니다.

그렇게 되면 유권자들이 올바른 판단을 할 수가 없습니다.
그래서 담당 선생님이 비밀로 토론 주제를 준비하는 겁니다.
이런데도 우리 아이들이 제법 잘하고 있습니다.
이만하면 잘하는 겁니다.

어떤 집단의 대표자 혹은 지도자가 되려면
아이든 어른이든 말을 잘해야 합니다.
물론 그 말에는 진실이 담겨야만 하겠지요.
어릴 때부터 말을 잘하게 하는 방법은
웅변 학원을 다니는 것도 아니고
스피치 학원을 다니는 것도 아닙니다.
자기가 겪은 일을 남에게 말해 주게 하면 됩니다.
내 삶을 남에게 들려주기,
그것을 글로 쓰면 우리 대구교육청 특색 사업인 '삶 쓰기'가 됩니다.
그래서 우리가 남 이야기를 들을 때는
맞장구치면서 들어야 합니다.
또 내가 겪은 이야기를 남에게 들려주는 풍성한 말하기가
생활 속에 담겨야 하는 겁니다.

아이들과 오늘도 재미있게 보내고
주말 잘 지내십시오.
(2014. 2. 7)

업무 조정을 위한 다모임

진짜 춥습니다.
자판 위에 있는 손가락이 내 손가락 같지 않습니다.
이럴 때 아이 손잡아 주어 서로가 손을 달구어 주는 난로가 되면
그것만으로도 대단한 소통입니다.
소통은 말로만 하는 게 아닙니다.

컴퓨터 안 켜고 아이들 맞는 사흘째입니다.

이 추운 날에도
목도리 하고 귀마개 하고 까만 눈만 내놓고 활짝 웃으면서
선생님 찾아온 장하고도 장한 아이들입니다.
이 추운 날에도 지각은 거의 없네요.
그런데 3월부터는 30분까지 와야만 합니다.
준비와 연습을 시킬 겸 해서 조금 일찍 오도록 하는 게 좋겠지요.

어제 시청각실에서 한 '다모임' 정말 고맙습니다.
마음껏 좋은 의견 주시고 토론해 주셔서 고맙습니다.
주관하는 쪽에서도 정말이지 마음에 둔 방향이 따로 있는 게
아니었습니다.
교장인 저로서는 1안
(업무부장에게 업무를 대폭 맡기고
3, 4, 5, 6학년 담임 모두에게 업무를 없애 주는 안)

으로 밀고 나가고 싶었어요.

그렇지만 거기에도 문제가 많았지요?

업무를 맡아야 하는 1, 2학년이 상대적으로 기피 학년이 되는 문제,

그 문제가 자칫 동평 공동체에 심각한 갈등을 가져올 수도 있다는 것은

결코 작은 일이 아니었습니다.

그래서 아쉽지만 더 많은 선생님들이 찬성을 해준

5, 6학년 담임에게만 업무를 없애 주는 안으로

결정을 하게 되었잖아요.

완전한 건 없습니다.

문제점이 드러나면 어제 '다모임' 정신으로

그때그때 의논하면서 운영해 봅시다.

여러 교실과 복도에 전시되어 있는 아이들 방학과제물

정말 놀랍습니다.

칭찬해 주고 또 칭찬해 주세요.

시간 있으면 아이들 데리고

다른 학년 전시물을 한 번 둘러보면 정말 좋겠습니다.

이보다 더 좋은 견학이 또 어디 있겠어요.

전 요즘 그거 보는 재미에 흠뻑 빠져 있다니까요.

추위를 이기고 달려온 아이들과 하루 종일 행복하세요.

(2012. 2. 8)

설 잘 쇠십시오

민족 최대의 명절 설 연휴가 시작됩니다.
흩어졌던 식구들이 한자리에 모이는 날입니다.
엄청나게 대단한 날이지요.
그 무서운 교통대란을 감당하면서 고향이나 부모님에게 달려가는 날입니다.
살아 있는 식구들만 만나는 게 아니라
오래된 조상님들도 만나는 날입니다.
동무가 좋고, 동료가 좋고, 직장이 좋고, 선후배가 좋지만
가족 속 식구들은 더더욱 소중합니다.

오랜만에 모이다 보면 즐거움도 있지만
생활 리듬도 깨지고, 서로 비교도 하게 되고,
어른들의 잔소리까지 겹쳐 몸과 마음이 피곤해질 수도 있습니다.
거기다가 집안일을 해결하기 위한 의논을 하다가
시끄럽고 높은 소리가 나올 수도 있습니다.
며느리들은 이 눈치 저 눈치 봐야 하고 일도 태산으로 밀리고
즐거워야 할 명절에 스트레스만 잔뜩 쌓일 수도 있습니다.
오죽하면 명절 스트레스, 명절 이혼이라는 말까지 나올까요?

뾰족한 방법이 없습니다. 배려와 양보뿐입니다.
그건 나 자신을 위해서도 필요합니다.
어른은 어른 자리에서 며느리는 며느리 자리에서
맏이는 맏이 자리에서 막내는 막내 자리에서

아랫사람은 아랫사람 자리에서 윗사람은 윗사람 자리에서
내가 먼저 양보하고 배려하는 방법밖에 없습니다.

명절 마치고 집으로 돌아가는 길
'우리 식구들만' 타고 돌아가는 차 안에서
"여보, 수고했어." "힘들었지?"
서로 이러면서 명절 스트레스를 확 날려 버리고
일상으로 되돌아가야 되겠지요?
그러면 명절 때 서로 만난 즐거움과
명절 때 차례를 지낸 기운과 명절 때 세배를 한 그 살가움이
가슴속에 오래 남아 살아가는 활력소가 됩니다.

친척들이 걱정해 주는 말이 때로는 비수가 되어 가슴에 박힐 때도 있지요?
그럴 때도
'나를 걱정해 주는 말이구나.'
'길 가는 사람은 절대 해줄 수 없는 말이구나.'
이러면서 받아주는 게 바로 이해하고 배려하고 양보하는 마음입니다.

저는 이제 집에서 어른입니다.
저도 조심조심해서 명절 잘 보내고 기운 팍팍 받아서 오겠습니다.
선생님들, 명절 잘 쇠고 오십시오.
(2013. 2. 8)

제자들과 떠나는 시간 여행

주말 잘 보내셨나요?
강원도와 동해안 지방에는
눈이 아주 많이 내렸다네요.
대구에도 눈이 많이 내릴까 봐 걱정이 되었습니다.
우리 학교 교문은 응달이고 비탈져서
눈이 오면 걱정이잖아요.

지난 금요일에 전 뜻깊은 시간 여행을 했어요.
30여 년 전에 졸업시킨 50대 제자들이
세배한다고 모여서 난리를 치는 바람에
그때 그 시간으로 즐거운 시간 여행을 했습니다.

교원들에게 제자들과 함께 하는 시간 여행이란
언제나 새로운 힘을 줍니다.
오늘 우리 아이들과 교실 생활은
수십 년 뒤 시간 여행 때 이야기 자료가 됩니다.

오늘도 아이들과 재미있게 보내세요.
(2014. 2. 10)

마지막 수업

새벽에 러시아 소치에서 전해 온 기쁜 소식 하나.
'빙속 여제'라는 이상화 선수가 우리 모두에게 기쁨을 주었네요.
활짝 웃는 모습이 더 아름다워 보였습니다.
졸업식과 수료식 준비 잘하고 계시지요?
마지막 수업, 선생님들이 지금 교실에서 하시는
한 시간 한 시간 수업이 올해 마지막 수업이네요.
저도 6학년 교실을 돌면서 마지막 수업을 하고 있습니다.
알퐁스 도데의 '마지막 수업'처럼 절박함은 아니지만
2월에 하는 마지막 수업이란 우리 선생들에게는 또 다른 큰 뜻을 갖게 합니다.

스승과 제자, 선생님과 학생은 일 년 계약으로 끝나는 관계가 아닙니다.
평생 이어지는 끈끈한 관계입니다. 하여 뜻 있는 2월 학급 운영,
뜻 있는 2월 마지막 수업으로 더 튼튼한 동아줄을 만들어 봅시다.
아이들과 이어 주는 그 끈이라는 것이
우리에게 짐이 될 수도 있고 아이들 성장을 지켜봐야 하는
부담으로 다가올 수도 있지만 말입니다.
시작은 반이라지만 마무리는 전부입니다.
오늘도 교실에서 아이들과 재미있게 마무리 잘하세요.

오늘 저녁 7시에는 4층 선비실에서 아버지 모임 결성이 있네요.
아버지들이 많이 모이면 좋겠습니다.
이 아버지 모임이 우리 동평의 또 다른 자랑이 되었으면 좋겠습니다.
(2014. 2. 12)

아버지모임

남북이 오랜만에 한자리에 앉았습니다.
'전격 회담'이든 '비밀 회담'이든
남북이 만나는 그것만으로도 평가할 만합니다.
내용까지 기대에 다다르면 좋으련만…….

어제 저녁에는 예절실에서
동평아버지모임(동아모) 창립총회가 있었습니다.
모인 숫자는 비록 10여 명에 불과하지만
그 뜻은 작지 않습니다.
아이들 성장을 도와줄 모임은 많을수록 좋습니다.
그 모임이 아이들을 다그치고
닦달하기 위한 모임이 아니라면 말입니다.
우리 학교 아버지모임 준비 과정을 지켜보니
제대로 할 일을 할 것이라는 믿음이 생깁니다.
절대로 서둘지 않고, 숫자에 매달리지 않는 듯했습니다.

교육은 속도가 아니라
방향이라는 말도 그 자리에서 나왔어요.
아버지모임은 바른 교육 방향을 잡는 데도
그리고 속도 조절을 위한 제동장치로도
제 할 일을 하지 않을까 싶어요.

이른 사춘기 문턱에서
부모를 힘들게 하는 아이와 충돌만 할 게 아니라
어느 주말 시간 내어 여행을 함께 하면서
혹은 야영을 함께 하면서
속마음을 떨어내어 이야기할 수 있는 사람은
어머니보다는 아버지입니다.
그런 이야기를 함께 할 수 있는 모임 역시
아버지모임입니다.
그래서 아버지모임에 기대가 큰 겁니다.
이제 걸음마를 시작한
우리 '동아모'가 제자리를 잡으면 좋겠어요.
혹 교실에서 이야기할 기회가 되면 홍보도 해주세요.

오늘도 아이들 이름을 불러 주면서
눈을 맞추면서 즐겁게 보내세요.
(2014. 2. 13)

컴퓨터 안 켜고 아이들 맞기 2주째

눈송이가 큼직합니다.
아주 여유롭게 내리네요.
아이들 신나게 생겼습니다.
교실마다 나름 마무리 행사로 바쁘시지요?
교실에서 지금 하고 있는 마무리 방법 좀 소개해 주세요.
특별한 게 아니라도 좋습니다.
신규 교사 연수회에 가서 안내해 주려고요.

오늘 아침방송 시간이 늘어져서 미안합니다.
컴퓨터 안 켜고 아이들 맞이하기 2주째 들어섰습니다.
어때요? 뜻있는 변화가 보이나요?
제가 성급하지요?
교육에서 너무 성급하게 결과를 바라보는 게
얼마나 잘못된 것인지를 알면서도 그러네요.

가끔 등교 시간에 자신도 모르게
컴퓨터 스위치에 손이 가지요?
"컴퓨터 안 켜는 게 뭐 그리 대단하고 중요해?"
이럴 수도 있어요.
그렇지만 형식이 중요할 때도 많아요.
내용이 전혀 없이 형식만 있는 건 빈껍데기 맞아요.
그렇지만 형식과 내용이 조화를 이룰 때는 그게 아니지요.

때론 형식이 내용을 키워 줘요.
컴퓨터 안 켜는 게 껍데기가 아니라
아이들과 놀라운 관계를 맺어 줄 것이라는
믿음을 가져봄 직합니다.
등교 시간뿐만 아니라 아침 책읽기 시간에도
컴퓨터를 안 켜면 선생님도 책을 읽게 되겠지요.
아니, 책 읽고 있는 아이들을 그윽하게 바라볼
틈이라도 생기겠지요.
아이들과 관계를 자꾸만 강요하는 것 같아서
미안하기도 합니다만
새 학년도에는 마음먹고 실천하자 싶어서
우는 아이처럼 자꾸만 보챕니다.

어이쿠!
밖을 보니 눈이 멎어 버렸습니다.
아쉽습니다.

아이들과 마무리 잘하세요.
(2012. 2. 13)

몸도 마음도 소통이 먼저입니다

비인지 눈인지
분간이 안 되는 이런 것을 두고
진눈개비, 진눈깨비, 진갈비, 진개비……
곳곳마다 부르는 말이 달라요.

아이들과 소통하기,
식구들 간에도 소통이 잘된다고 생각하지만
생각 밖으로 불통되는 구석이 많습니다.
아이들과도 마찬가지입니다.
30명 안 되는 아이들과
소통이 잘된다고 생각할 수 있지만
어떤 땐 깜짝 놀랄 정도로 불통 공간이 있어요.

사람 건강도 소통부터입니다.
어느 한구석이라도 막히면 병이 나잖아요.
마음도 불통이 되면 큰 탈이 날 수 있습니다.
컴퓨터 안 켜고 소통
이름 부르면서 소통
안아 주면서 소통
칭찬과 격려로 소통
손톱 깎아 주면서 소통…….

60년대 일본에서 글쓰기로 학급 운영 혁명을 가져온
우리에게도 잘 알려진 '학급혁명'을 읽어 보면
남자 아이들과 화장실에서 오줌 누면서
소통하는 이야기가 나옵니다.

내년부터 아이들과 소통하라고
작지만 필요한 돈을 준비해 두었습니다.
학생 1인당 4,000원으로 계산하여 학반으로 나갑니다.
학생과 소통을 위해서
아주 자유롭게 쓸 수 있는 돈입니다.
소통을 위해서는 돈도 중요하지만
그보다 더 중요한 것은
소통을 위한 사람들의 따뜻한 마음입니다.
따뜻한 학급의 평화 교육은 소통으로 시작됩니다.
소통에는 공간이 필요한 게 아니라
공감이 더 필요합니다.

오늘도 행복하게 지내세요.
(2012. 2. 14)

안중근 의사 사형선고일

오늘은 정월 대보름입니다.
"내 더위 사 가세요."라며
더위를 가불하여 팔아먹던 날이기도 합니다.
오곡 찰밥 드셨나요?
묵나물도 드셨나요?
부럼은 깨셨나요?
옛날에는 정월 열나흘 밤에는
마을마다 동제를 많이 지냈어요.
마을 공동체 안녕과 풍년을 기원하면서요.
산신령님께 제사 지내는 날이라서
이날 밤은 어디를 다녀도 무섭지 않다고
밤새 골목을 쏘다녔던 기억이 새록새록 납니다.

2월 14일 오늘이
안중근 의사 사형선고일이라는 이야기 들어보셨지요?
대법원 최종심에서가 아니라 1심 선고였고,
그것이 최종선고가 되었습니다.
1심에서 사형을 선고 받은 뒤에
안중근 의사에게 전달된 어머니 편지가 우리의 심금을 울립니다.
"응칠아, 네가 만약 항소를 한다면
그것은 일제에게 목숨을 구걸하는 짓이다.
딴 맘 먹지 말고 죽어라.

맏아들인 네가 이 어미보다
먼저 가는 게 불효라고 생각한다면
그건 웃음거리다."
대략 이런 내용으로 기억이 됩니다.

장한 아들을 보내는 이 어머니 편지에서
안중근 같은 애국자는
결코 하늘에서 거저 떨어진 사람이 아니란 걸 알게 됩니다.
숙연해집니다.
학부모 연수 때 빠뜨리지 않고 들려 드리는 이야기입니다.

안중근 의사 어머니 편지 이야기를 해주면서
한 번 생각해 보는 날이 되었으면 좋겠습니다.

아이들 손 꼭 잡아 주고 꼭 안아 주고 헤어지는 날입니다.
그동안 수고 많았습니다.
고맙습니다.
(2014. 2. 14)

일 년을 마치면서

드디어 일 년을 무사히 마쳤습니다.
살아가면서 우리가 그어 놓은
시작과 끝이라는 마디이긴 하지만 시작과 끝은 뜻이 큽니다.
시작과 끝이 없는 삶이라면 얼마나 지루할까요.

무사히 일 년을 잘 마무리한 우리 선생님들에게
먼저 축하드립니다. 수고하셨습니다.

아이들에게도 축하와 격려를 주세요.
그리고 이렇게 일 년을 마쳤다는 것은
아주 대단한 일이라는 것도 알려 주시고요.
또 이렇게 헤어지지만 교사와 제자와 관계는
결코 일 년으로 마감되지 않는다고
늘 성장을 지켜보겠다고 끈끈한 끈을 만들어 놓으세요.
언제라도 되살릴 수 있도록 불씨를 남겨 놓아야 합니다.

정말로 대단한 일을 해내셨습니다.
존경하고 사랑합니다.

아이들과 웃으면서 헤어지세요.
다시 한 번 축하드립니다.
(2012. 2. 16)